花田庚彦

ルポ
台湾黒社会とトク

GS
幻冬舎新書
760

ルポ　台湾黒社会とトクリュウ／目次

DTP　美創

序章　魅惑の国　台湾

現在、日本人の旅行先として人気を集める台湾こと中華民国。テレビや雑誌などでも度々その魅力が紹介されており、興味を持っている方も多いのではないだろうか。各地にあるオールドストリートと呼ばれる老街の景観や、屋台が並ぶ夜市など、独自の魅力が多くある台湾だが、基本的なスタンスとして親日であることも、我々日本人にとっては大きなアドバンテージの一つだ。その理由としては、かつておよそ50年にわたる大日本帝国による統治のもとでも、ことさらに現地人が差別されることはなかったということと、現在まで使われているインフラの整備が当時行われたことなどが挙げられるとされている。とはいえ、筆者が経験したところによれば、台湾の人々は欧米人などに対してもその優しさを発揮していることが多く見受けられるため、そうした大らかな国民性を持っているというのも事実であろう。

そんな魅力あふれる台湾だが、実は一般人や観光客が絶対に近付いてはいけない地域があることはあまり知られていない。日本にも同じような地域があるように、台湾にもまた〝闇〟と言えるような場所があるのだ。代表的なものとしては、台北市萬華区にある龍山寺エリアの路地裏などが挙げられる。ガイドブックによっては縁結びのパワースポットなどとも書かれているこのエリアだが、かねてより売春宿が多く立ち並ぶエリアとして知られており、現在もこうした施設が存在している。当然と言うべきだが、こうした場所は裏社会とも密接な関係があり、関係者が多くたむろしているのだ。2022年には、そうした裏社会の人間同士の口論から銃撃事件が発生したことも報じられており、単純な興味で近付くにはリスクがかなり高い場所だと言えるだろう。詳しいことは後述するが、筆者も台湾に2回ほど渡航した経験があるものの、はからずもこうした〝闇〟に関わり、危険にさらされる事態となってしまった。

少し脱線するが、近年ではこうした世界の危険地域に潜入するという内容のテレビ番組などが人気を集めている。もちろん、今まで知られることのなかったアンダーグラウンドの世界を白日のもとにさらしたという意味では、こうした番組や、実際に潜入した人々の功績は大きく、筆者も彼らを尊敬しているし、陰ながら応援しているのは事実だ。しかし、こうした番組では、いかにも行き当たりばったりのような形で潜入を果たしている演出がなされているものも多いため、その部分については、同じような形で潜入を試みようとする人が出てしまうのではないかと危惧している。実際、こうした番組では、下準備として現地のコーディネーターが何度も〝潜入先〟の当事者と接触し、安全を確保するのが当たり前だ。さらに、国によっては通訳や銃を携えたセキュリティなども準備し、万全の態勢を作り上げて向かっているのである。くれぐれも、読者諸氏にはこうした番組のうわべだけを真似して、危険に巻き込まれないよう警鐘を鳴らしたい。

なお、筆者はこうした危険性がある国で取材を行う場合、まず現地の中心地からスラム街までを一人歩きし、雰囲気を確かめた後、スーパーなどの小売店に入り物価を確かめるのがルーティンとなっている。その後、現地で日本人が多く集まる飲み屋街をはしごしながら、日本語と現地の言葉が両方堪能で、信頼のおけそうな人間を直感で見つけ、通訳としてスカウトするのだ。もちろん国にもよるが、こうした飲み屋街で働くスタッフたちは、客から得た利益が歩合として給与に反映されるという体系になっていることが多い。そのため、通訳という固定給がもらえる仕事は彼らにとって魅力的で、かなりの確率で協力してくれるのだ。この部分は直感だけあって言葉では説明しにくい部分があるが、筆者はこの方法で取材を乗り切ってきている。危険な目には幾度となく遭遇したが、現地のマフィアに攫《さら》われたり、脅迫されたり、スリに財布をすられるなど、裏社会の住民からもたらされる決定的な事態に発展したことは一度もない（一方で、秘密警察や軍など、公権力には自動小銃を構えられたことがあるのだが）。細心の注意を払って街を歩けば、殆どの場合はこうした危機から自分を守れる、というのが、今までの経験から筆者が得た教訓である。とはいえ、君子危うきに近寄らず、という言葉がある通り、そもそも危険な場所に近付かないのが最良であることは間違いない。筆者をはじめとしたアンダーグラウンドの世界に魅せられた一部の人間は、恐怖と興味がせめぎ合う中、紙一重で興味が勝ってしまい、足が向いてしまうのだ。願わくば、テレビ番組がそうであるように、本書が手に取ってくれたあなたの〝アンダーグラウンド欲〟を安全に満たせる一助になれれば幸いである。

第1章 台湾の黒社会

台湾黒社会とその歴史

さて、前述の通り、多くの魅力を持つ台湾にも、当然のように裏社会や、その中で暗躍する組織が存在している。本書の中では、中国マフィアや、日本の半グレや暴力団などの裏社会と区別するため、〝黒社会《ヘイセイホウ》〟と呼称を統一するが、現地では日本と同様に裏社会と呼ばれることが常であるそうだ。

まず、台湾の黒社会を語る上で、外すことのできないのが、「三社会」と呼ばれる〝竹聯幇《ズウレンパーシー》〟〝四海幇《シーハイバン》〟〝天道盟《テイエンダオモン》〟の、古来よりある3つの組織である。台湾の黒社会に詳しい人間から聞いたところによれば、牛耳るこれらの組織を代表格として、台湾現地には200以上の黒社会グループが存在しており、観光地として知られる台北ではなく、台中を中心として活動しているという。日本でもかつて関東連合グループなどで話題となった〝半グレ〟と呼ばれる存在は台湾にも実在し、「街頭《がいとう》」と呼ばれて、黒社会の中で大きな力を持っている。

これら黒社会の起こりは、17世紀後半の鄭《てい》氏政権の頃に遡り、当時中国大陸で清朝を打倒し、明朝を復活させるという理念のもとに活動していた秘密結社・洪門《ホンメン》のメンバーが現地で活動していたようだ。その後、様々な秘密結社が結成され、黒社会が形成されていったが、こうした組織は1895年に台湾が日本の統治下に入ると、多くが解散を命じられることとなった。しかし、この際に一部の組織は生き残り、日本が台湾を統治するのに協力したと言われている。

こうした黒社会の大きな特徴は、台湾の国民から、彼らが一定以上の支持を集めているということだ。これは、台湾という国の成り立ちに端を発する部分が大きい。中華民国の初代総裁である蔣介石は、国共内戦の際に自身が不利となった際、国立北平故宮博物院より、所蔵品を台湾へと運び出した。これが現在、台北市にある国立故宮博物院に納められた国宝の数々となっているが、これらの運搬の際、黒社会の手を借りたことが知られている。元々、戦前の中国において裏社会の一大勢力であった青幇《チンパン》と蔣介石率いる中国国民党の関係は深く、蔣介石自身も青幇の一員であったことや、実質的リーダーの一人であった杜月笙《とげつしょう》と義兄弟の契りを交わしていたとされており、そもそも国の首長が黒社会と密接な繋がりがあったのである。

台湾黒社会の時代に沿った変遷

そんな台湾の黒社会は、1945年に終戦を迎え、日本の統治下から中国へと返還されると、大陸から大量の移民が流入。さらには、国共内戦で敗北した国民党についていた青幇も中国本土から香港や台湾へと脱出した。彼らは、現地とは異なる文化的、地域的背景を持ち込みながら、それぞれのコミュニティで結社や犯罪組織を形成。こうした移民たちの影響で再編された黒社会は、当初こそ相互扶助や自衛といった側面の強いものであったものの、次第に利権を追求する犯罪組織へと変貌していった。

その後、黒社会は時節に応じて、様々な変容を遂げていく。1960年代に入ると、黒社会は地域社会との結びつきを強めた「社会型黒社会」として台頭。地元の祭りやイベントを主催するなどの地域貢献を行い、地域コミュニティの中である種の共同体的存在として表の顔を手に入れつつ、その裏では賭博の主催や、ショバ代の徴収を行うことで、地域経済を裏から牛耳るようになった。そして、1970年代に、台湾経済が成長期を迎えると、黒社会もそれに順応。金儲けを優先する「経済型黒社会」へとシフトしていく。賭博やショバ代の取り立てに加え、売春、麻薬取引などの収益性の高い犯罪行為を中心に行うことで、台湾の裏経済を支える存在となったのだ。この時期、先に述べた竹聯幇や四海幇といった大規模組織が勢力を拡大。現在では台湾全体の賭博、売春、娯楽産業の約60％を支配しているとされるこれらの組織だが、この経済成長期の陰で、その基盤を着実に固めていったのである。

そして、黒社会が大きなターニングポイントを迎えることとなったのが、1980年代だ。この時期の黒社会は、地方選挙や政治的利益の誘導を通じて、台湾政界と密接に結びつくこととなり、黒社会は政治の世界にも大きな影響力を持つ存在となった。特に、地方自治体の選挙においては、黒社会の持つ組織票が、しばしば選挙結果に決定的な貢献を果たしたことは広く知られており、いうなれば「政治型黒社会」とも呼ぶべき体系へと変貌を遂げたのである。この時期以降の黒社会は、単なる犯罪組織という枠を超えた国内への影響力を手に入れ、台湾の統治構造にも影を落とす存在となった。一方で、政治という表の権力との結びつきという劇毒は、内部抗争を招く一因となり、多くの組織が分裂や再編を余儀なくされてしまったという部分があったのも事実である。

この政治との癒着という転機を迎えた後となる1990年代以降、黒社会の活動は台北を中心とする都市部に集中。いわば「中央移行型黒社会」とも言うべき組織体系を取ることが顕著となり、大規模な資金源が都市部に集約された。また、台湾全体で約70 0もの組織が存在するとされている中、さらに細分化された小規模な犯罪グループの乱立も続いている。その一方で、かねてよりその権威を振るってきた竹聯幇や四海幇などの巨大組織は国際化を推進。中国大陸をはじめとして、東南アジア、中央アジア、北米、南米などにも進出し、麻薬取引や密航、人身売買といった国際的な犯罪ネットワークを構築している。つまり、現代の台湾黒社会は、もはや地域社会だけでなく、国際社会にも影響を与える存在へと変貌を遂げていると言えるだろう。

トクリュウの一大拠点地となる台湾

現在、黒社会の構成員の総数は約20万人にのぼるとも推定されており、2024年1月時点で同国の人口が約2342万であることを考えると、100人強に1人が黒社会の構成員という状況となっている。そんな台湾黒社会は当然、近隣諸国たる日本にも厳然たる影響力を誇示しているのが現状だ。中でも近年、大きな影響を与えているとされるのが、警察庁が2023年7月に「トクリュウ」と名付けた匿名・流動型犯罪グループによる犯罪である。

この「トクリュウ」とは、SNSや求人サイトなどで〝闇バイト〟と呼ばれる形で実行役の人員を集め、犯罪を行うという、比較的新しいタイプの犯罪集団を指す言葉だ。かねてより〝オレオレ詐欺〟や〝還付金詐欺〟などの特殊詐欺事件では、ターゲットに詐欺の電話をかける掛け子、現金やキャッシュカードを被害者から受け取る受け子、受け取ったクレジットカードやキャッシュカードでATMなどから現金を引き出す出し子などが、こうした闇バイトで集められた人員で行われていた。最近では電話をかけて資産状況などを聞き出した後、強盗を行う〝アポ電強盗〟や、特定の地域で連続して発生する強盗事件など、よりその凶悪性が増した犯罪を行うのが潮流となっているが、本書では特別な記載がない限り、こうした集団が行う特殊詐欺について「トクリュウ」という呼称を用いることにする。

警察庁の発表によれば、2024年3月時点では、このトクリュウに関連して21〜23年に検挙された人数が暴力団員を除き1万人を超えるなど、その広がりは留まるところを知らない。警察はこのトクリュウによる犯罪を大きな問題として捉えているようで、2024年12月24日には、これらの犯罪への取り締まりを強化するための全国司令塔会議を開催。この中で、露木康浩警察庁長官は「日本警察の総力を挙げ、中核人物の摘発とビジネスモデルの解体に早急に取り組む」と訓示した。同長官は現状について、「組織犯罪対策の軸足を暴力団対策からトクリュウにシフトするべき転換期にある」とコメントし、集中的に取り締まる対象グループの選定や、トクリュウの指示役などを務めるリーダー格の人間に対する戦略的な取り締まり、犯罪収益の剝奪を見据えた捜査、現在の犯罪情勢にアジャストした取り締まり体制の見直しの4点を指示している。

余談になるが、「トクリュウ」以前にも、警察当局が新たな犯罪類型・犯罪集団に名称を付けて取り締まりを強化するのは、しばしば行われている。最近のものから一例を挙げると、オレオレ詐欺に代表される「特殊詐欺」だろう。かつては、オレオレ詐欺の他に「振り込め詐欺」など様々な呼称で呼ばれたが、これらの呼称に「聞いても手口が分からず、ピンとこない」といった声が少なくなかった。これらの対策として、警視庁は2013年3月にSNSのTwitter（現・X）などを通じ、新名称を公募。ネット住民たちは面白がり、「サギノミクス」「地震！ かみなり！ 詐欺！ オヤジ！」などと様々な珍名称を出し合う大喜利大会のような事態となったが、5月の結果発表の際には、最優秀賞として「母さん助けて詐欺」という、これまた微妙なものが選出されることとなった。しかし、当時から還付金詐欺やカード詐欺など手口が多様化していたことや、被害者が父親であるケースなどもあるため、身内である警察関係者からも「実態にそぐわないのではないか」という声が少なからず見られていた。そうした影響からか、「ニセ電話詐欺」や「うそ電話詐欺」「電話で『お金』詐欺」など、公募された中から別の名称を使う県警も多く見られるなど、定着しないまま自然消滅している。

他にも記憶に新しいのが、2013年に定義づけられた「準暴力団」だ。旧関東連合など元暴走族グループによる組織的な違法行為が目立ち始めたのがこの時期で、暴力団対策法に基づく指定・認定を受けていないが治安を脅かすような反社会的集団をこう呼び、摘発を強化した。

ただ、「裏社会に詳しいフリージャーナリストの溝口敦氏が名付けたという『半グレ』という呼称の方がしっくりきた」（法曹関係者）との意見は根強く、こちらも定着したとは言い難い状況が続いている（実際にこうした集団を「半グレ」と名付けた人物については諸説あるが、少なくとも30年以上前の書籍などで、作家の安部譲二氏が使っている、昼間は学生や労働者として働き、夜は愚連隊として活動している人間のことを指した）。「トクリュウ」については、今後どうなるのか注目である。なお、企業の危機管理を主な業務とする株式会社エス・ピー・ネットワークが運営するオウンドメディア「SPN JOURNAL Online」が２０２４年９月９日に公開した「暴力団の『自壊』の先を見据えよ〜暴力団からトクリュウへ」という記事の中では、このトクリュウという名称について「暴力団対策法（暴対法）ができた30年前から、犯罪グループの将来的な地下組織化、秘密結社化は予想されていたが、こういう組織は想像していなかった。そういう意味では、実態をよく表現している印象だ」と語る警察ＯＢの声が掲載されている。身内から評価されているという点では、少なくとも「母さん助けて詐欺」よりは、定着する可能性が高いだろう。

話を戻すと、こうしたトクリュウの拠点となるのは、何も日本国内だけではない。海外を拠点として行われる場合も多くなっているのだ。以下、その代表的な事例として、

2019年4月17日の読売新聞の記事を抜粋する。

〝特殊詐欺　比にも拠点か　捜査逃れ　東南アジアに　警察庁　タイに捜査員〟

タイ中部のパタヤで日本人を狙った特殊詐欺グループの拠点が摘発された事件で、警察庁は16日、タイに捜査員を派遣した。現地で逮捕された日本人15人の多くはタイに入国する前、フィリピンに滞在していたことが判明。警察庁は、日本の詐欺グループが拠点を東南アジアに移しているとみて、押収されたパソコンの解析を進める。

日本とタイの警察当局によると、被害者は九州のほか神奈川、兵庫、岩手など各地に広がり、計200人近くに上るとみられる。高齢者だけでなく、若い世代も含まれ、被害総額は2億円を超える見通しだ。

警察庁から派遣された捜査員3人は16日夕、バンコクの空港に到着。パソコンの解析を進め、今後は被害者の住所地がある警察本部が詐欺容疑で捜査を進める。

タイ当局に押収された資料によると、このグループの手口は架空請求詐欺で、有料サイトの未納料金や実在する有名企業を名乗った債権回収、裁判所からの支払い督促などを装ったメールを1日に数万通送信。200人に1人の確率で、メールに記載した連絡先に電話があったという。

タイ警察に不法就労容疑で逮捕された日本人の男15人はこの電話の応対をしていた。会話の流れで名前や電話番号、生年月日といった個人情報を聞き出し、相手の身元を把握しているように装った上で、「支払わないと訴訟になる」などと脅し、コンビニで電子マネーを購入させて利用番号を聞き取っていたという。

電話回線は、「03」、「0120」など日本国内の発信番号を選んで回線契約を結べる「IP電話」を使い、日本国内にいるように偽装していた。

男らは、被害者から聞き取った年収や家族構成をメモにして引き継ぎ、定期的に反省会を開いて「トークが長すぎる」「もっと自信を持った方がいい」などと話し合っていたという。部屋の壁には、「絶対に稼ぐ」「責任感を持つ」などと書かれた紙や、だました件数を示すとみられる棒グラフが貼られていた。

15人の多くは九州出身で、約半数はタイに入国する前、フィリピンに居住し、約1年間、滞在していた男もいたという。日本とタイの警察当局は、フィリピンにも拠点があるとみている。

詐欺グループが海外に拠点を移しているのは、海外からの電話は発信元の特定が難しく、捜査が及びにくいためとみられる。2017年には中国福建省で日本の詐欺グループの男女35人が中国当局に摘発された。立正大の小宮信夫教授（犯罪学）は「特殊詐欺が社会問題化している中国では近年、当局による取り締まりが強化され、物価が安いタイを拠点に選んだのだろう」との見方を示し、「特殊詐欺に国境はなくなってきている。今後は海外の捜査機関との連携がさらに必要になる」と指摘している。

記事内にもある通り、国外に拠点を持つことには、電話の発信元の特定が難しくなり、捜査が及びにくいなどのメリットがあり、近年ではこうしたケースが増加している。トクリュウという名称が作られ、警察が本腰を入れて対策に取り組もうとしているきっかけは、後述するフィリピンのルフィ事件の存在も大きいが、あまりにも海外発信の詐欺電話が多かったというのも一因となっているのだ。同じく記事内にあるように、タイやフィリピンなどの東南アジア諸国がこうした拠点地の代表格ではあるが、台湾もまた、黒社会や街頭が日本人を雇い、特殊詐欺を行う拠点の一つとして知られている。台湾は半導体大国として知られ、半導体のファウンドリ（製造委託企業）のシェアでは世界の7割弱を占め圧倒的1位である。その影響で、その半導体を多く使うＡＩをはじめとして、様々なＩＴ技術の先端を行くデジタル競争力に優れた国へと変貌。スイスのビジネススクール国際経営開発研究所が発表した世界デジタル競争力ランキングの２０２４年版では、31位の日本に対して台湾は9位にランクインしている。

こうした高いＩＴ技術がもたらすものには、もちろん様々な利便性を上昇させる光の部分もあれば、それを悪用する闇の部分が存在してしまうこともまた事実だ。こうした高い技術を悪用し、様々な詐欺を行う中で、トクリュウもまた一つの黒社会の〝シノギ〟となっているということだろう。

こうした海外拠点で行われるトクリュウが提示する条件は、リスクを考えなければばかなり魅力的なものが多い。筆者が知る限りでは、ベースとなる給与は月40万〜50万円、さらにそこから成果（つまり、詐欺に成功させて騙し取った金である）に応じた歩合が3〜5％が一般的な相場だ。さらに、現地滞在費、旅費なども全て無料である場合が殆どである。期間は3カ月が多く、勤務時間は日本時間の朝9時から夕方の6時頃、週休2日制と、まるで理想的なホワイト企業のような条件が多く見られる。

しかし、こうした条件に釣られるのはおすすめしない。旅費が無料というのは、向こうが用意したチケットを使って渡航することになるのだが、相手がその旅程の条件全てを決められるため、こちらの予定が全て管理され、向こうの意のままになるということに他ならない。現地に着けば、組織にパスポートを没収され、期間内は自由な外出も禁止される……という状況になっている場合も少なくないのだ。さらに言えば、これらの条件を、組織側が守ってくれる保証もどこにもないのである。決して気軽な気持ちで参加しないことが重要だ。

台湾街頭の大物との邂逅

筆者は、2024年の2月に初めて台湾に渡航した際、この台湾黒社会のある大物への接触に成功している。本来、この旅は現地在住の友人から持ち掛けられた別の話を目的にして訪れたものであった（この件では、心胆を寒からしめる経験をすることとなったのだが、それは後述する）。その際、フリーの時間が多く取れたため、どうせなら取材活動をしようと友人に黒社会の大物を紹介してほしい、と頼み込んでみることにしたのだ。すると、依頼してから3日目に「台中を本拠地とする街頭の大物と連絡が取れたので、今日の夜、台中に行きましょう」と、見事に目的を果たすことができたのである。

台北から新幹線に乗り、台中に到着すると、組織のNo.2である陳氏が、日本でも入手が困難で、プレミア価格がついているポルシェの高級車であるカイエン、しかも特注のカスタマイズが施されているという、まさにスペシャルな車で迎えに来てくれた。通訳を通じて初対面の挨拶を行った後、今回の取材対象となる組織のボスが来るまでには若干の時間があるため、食事を摂ろうと台中の高級中華料理店へと向かうことになったのだが、そこで彼とは色々な話をした。

　まず、迎えに来てもらった際に陳氏が乗っていた愛車・カイエンの話を振ってみると、台湾にもポルシェのディーラーはあるが、そこを通すと1～2年待つ必要があると言われたので、組織のネットワークを使い、ドバイから輸入したという。それでも特注のカスタマイズなどの影響で、2カ月の納期が必要だった上、関税も高いために購入には日本円にしておよそ3000万円かかったそうだ。ちなみに、こうした台湾における外国産の車に関して述べると、他のアジア各国では人気の日本車、特に中古車は、意外なことにかなりマイナーな存在である。台湾は法的に左ハンドルしか走行できないため、右ハンドルの日本車を中古で輸入した場合には、右ハンドルから左ハンドルへの換装が必要だ。さらに、関税も高いため、わざわざ輸入するのは割に合わないのである。通訳にも話を振ってみたが、日本車を見たのはスカイラインGT－Rが走っていたのを目撃した1回だけだという。日本での相場も中古で1000万円は優に超える人気車であるスカイラインGT－Rだが、陳氏と同じような何かしらのネットワークを使って輸入されたものなのだろうか。いずれにせよ、オーナーは同車を金にモノを言わせて購入ができるだけの人物であるということは確かだろう。なお、日本の車やバイクの人気自体がないというわけではなく、旧車会のイベントが台湾で行われるなど、一部でコアな人気を獲得しつつあるのが現状である。

続いて、陳氏に本題である組織の仕事に関する話を向けてみると、「それはボスが直接話すと言っている」と回答されたため、彼が属する組織の話をしてもらうこととなった。陳氏らが所属しているのは、台中でも人数や規模では上位に入る街頭のグループだという。日本の裏社会、主にヤクザでは、一度渡世に入ったら、勝手に抜けることは難しい。それでも足抜けをする際には、近頃は少なくなったとはいえ、かつては指を詰めるのが一般的となっていたことなど、それなりのケジメが必要であることは、多くの人が知る通りだろう。この部分について聞いてみると、意外なことに組織に入るのも簡単だし、抜けるにも指や腕などを落とすことはないという。筆者はかつて取材した中国大陸本土のマフィアから、黒社会は何かをやると腕を切り落とす、と聞いていたのだが、そうではない組織もあるようだ。あるいは、ヤクザと同じく、黒社会も時代とともに変わりつつあるのかも知れない。とはいえ、組織の金を持ち逃げしたり、警察に捕まった際に組織のことを密告したりというケースでは、詳細こそ口を濁されてしまったものの、それなりの制裁はあるようだ。

そんな話をしていると、取材対象である陳氏のボスと会見する時間が迫ってきたため、会計を済まして外に出ることとなった。その後、車に乗り込むと、陳氏は車を出す前に「しっかりつかまっていてください」と、通訳を通じて筆者に伝えたのである。どういうことかと首を傾《かし》げていると、事務所に向かう陳氏の運転する車は、高速道路をなんと時速300キロ近くのスピードで30分ほど走行。一般道路に降りてからは10分ほど走り、ボスの待つ事務所へと到着することになったのだ。筆者は通訳とともに、陳氏の荒すぎる運転に辟易していたが、一方で彼の気持ちも分からなくはなかった。筆者もまた、同じ環境であのような車のハンドルを持ったなら、陳氏ほどとまでは言わなくても、少し荒っぽい運転をしてしまうかも知れない……。そんなことを取り留めもなく考えていると、我々が降車してから5分ほどで、目の前にやはり外国産の高級車が停まり、陳氏のボスが姿を現したのだ。

第一声で「Welcome to Taiwan!」と、流暢な英語で挨拶をしてくれたこの人物は王《ワン》と名乗った。恐らく、筆者のことを思って英語にしてくれたのであろうが、残念ながら筆者は英語も中国語も扱うことができない。その旨を通訳してもらうと、王氏は笑いながら、ソファに座ることを勧めてくれた。通訳を交えて会話をしていると、彼の経歴について聞くことができた。彼には兄がいたものの、若くして死去。黒社会の一員になったのは、13歳の時だったそうだ。その後、17歳の時に日本で言うところの少年院に入ったが、出院後には組織で才覚を認められ、出世街道をひた走ることになり、30歳にしてグループのリーダーになったのだという。現在は街頭のトップとなり10年以上経つが、その間に数回の抗争事件に関わり、自身も短期ながら懲役を経験しているとのことだった。懲役は苦しかったか、の筆者の問いに「まあ楽勝でしたよ。どこの世界でもそうでしょうけど、金を持っていれば天国です」と答えた王氏だが、当時一緒に捕まった構成員は無期懲役の判決を受けて、今も獄中に入っており、毎月の支援は欠かさないという。そんな話をしていると、先程一緒に食事をした陳氏がお茶を持ってきてくれたため、本格的に取材の交渉に入ることとなったのである。

なお、王氏の事務所には、氏に関連の深い台湾の仏様だという像が飾られた仏壇があったため、筆者も手を合わせておいた。値段は全部で5000万円だという。率直に言えば、仏像としてはかなり高価格なのではと思ったが、事務所の入り口には1個1000万円以上するというアメジストなどが無造作に置いてあるような状態だったので、ある意味それも自然な価格なのかも知れない、と納得してしまった。何より、神様、仏様の像の価値について、値段で推し量るのは失礼にあたるだろう。

街頭の大物が語る台湾発のトクリュウ

事前にある程度の条件のすり合わせを行い、「取材をもとに日本で本を出版する」「顔写真を出すことはOKだが、組織名は言わない」という条件にまとまっていたが、王氏は再びこの条件について確認してきたため、こちらもそれは全て了承した。さらにこちらからは、心苦しくも取材謝礼は払えない、という旨を追加して通訳に伝えると、王氏は笑いながら握手を求めてきてくれて、見事交渉は成功と相なったのである。一方、「聞いているとは思いますけど、私たちの口から三社会のことは話せない。勝手に取材されているなら別ですけど、そこはお察しください」と、向こうからも条件を出された。どの世界でも当たり前かも知れないが、上を語ることがタブーなのは黒社会でも変わらないようだ。合意が取れた後、王氏は聞きたいことは何でも質問してください、と言ってきたので、こちらも遠慮なく質問を始めた。

――台中マフィアとは台湾の中でどんな存在なのですか？

「台湾は台北、台中、台南の3つに分かれています。台北は談合や建設が行われて、三大黒社会の人間が活躍する地域。台中は意外と思われるかも知れませんが、三大黒社会より我々街頭が裏の経済を回している経済の街。台南や高雄は密輸や覚醒剤製造の街です」

――台中が経済を回している街、というのはどういう意味でしょうか？

「あまり知られていませんし、大っぴらに知られても困ってしまいますが、台湾という国はトクリュウの発祥となる地域の一つです。私たちが中国大陸から名簿を手に入れてトクリュウをやり始めた。これにより、中国から何兆円という金が私たちに流れている状況です」

トクリュウの発祥の地の一つが台湾であり、中国本土から台湾に詐欺によって資金が兆単位で流出している――。筆者はその事実に思わず驚愕してしまったものの、言われてみれば、トクリュウは日本だけで行われている犯罪ではないのは自明の理である。主に中国本土で使用される簡体と、台湾や香港、マカオなどで使用される繁体という使用漢字の違いや、方言などのイントネーションの違いなどはあるものの、両国間で使われているのは同じ中国語。台湾から中国にかけて行われる犯罪としては、至極当然とも言えるものの一つであろう。この事実に気付いた際、頭をよぎったのは、同じように言語を一つとする北朝鮮・韓国間でも同じようにトクリュウが行われているのではないかということだ。ただ、中国も韓国も国の威信やメンツの問題で発表していないのかも知れない。

「私たちのIT技術を試してみますか？　奥にはハッキングなどに使うパソコンなどの機器が揃っています。ここにあなたの使っているiPhoneを5分置きっぱなしにしてみてください。Face IDだろうと、指紋認証であろうと、5分もあればセキュリティを突破できますし、10分後には銀行口座からクレジットカードの残高まで全て他の口座に移すことができますよ」

続いて、王氏が放ったのは、自身の組織の技術を恐ろしい実例とともに説明する言葉だった。前述の通り、半導体大国である台湾は高度なIT技術を有している。その威光はもはや日本にも及んでおり、熊本県には、台湾にある世界最大の半導体ファウンドリである台湾積体電路製造股份有限公司（TSMC）が所有する半導体の工場が建設され、台湾からの直行便が飛んでいる状況だ。もちろん、これは表の企業であるが、これを足掛かりとして、黒社会がより日本への影響を強める部分があるのではないか。そう考えた筆者は、この点についても王氏に質問してみた。

——日本の熊本県と、そこに台湾から進出した半導体工場があるのは知っていますか？

「TSMCが進出したところですよね。もう見に行きました。少なくとも我々は、あの地域で何かをやろうとは、まだ考えてはいません。政治家を介してTSMCから招待をされたので、視察に行っただけです」

――政治家を介した招待。台中のマフィアはやはり、政府筋とも関係が深いのですか？

「主要な政治家はもちろん、所轄や中央の警察、行政、町の顔役みたいな人間には、毎月それなりの賄賂を渡しています。私たちは街頭ですからね、もちろん悪いことはたくさんしますよ。それを揉み消してもらうには、ある程度の出費は必要です」

――ちなみに王さんが所属する街頭と、マフィア、黒社会というのはどういう違いがあるのでしょうか？

「マフィアは黒社会も街頭も含めた総称ですね。黒社会は、日本の組織で近いものを挙げるとしたら、ヤクザでいいと思います。大きな組織は3つですが、それ以外にも100以上は存在しているのではないでしょうか。私は黒社会ではなく街頭だから付き合いこそあるものの、その実情についてはそこまで詳しくはありません。街頭は1000以上のグループが各地域にあります。人数は20～30人のグループもあれば、私のグループみたいに200人以上在籍している組織もあり、その規模には幅があります」

離合集散を繰り返すような小程度のグループもあれば、王氏のように多くの人間を抱える大規模な街頭もある、ということか。こうした規模の差があるグループが多く乱立することが、当局がその正確な数を把握したり、取り締まりを行ったりすることへの障壁となっていることは想像に難くない。

――トクリュウを主に行っているのは街頭なのでしょうか？

「そうですね。台湾の理工系の学生やプログラマーを高額で雇い、街頭が行っています。黒社会の人間はそのようなことをしなくても、談合や覚醒剤などで毎月金が入るシステムになっていますから、手を出すところは少ないでしょう」

――トクリュウで儲けた金で賄賂を贈っているんですか？

「もちろん。彼らは何の金かも知っているし、ある程度は目を瞑《つむ》ると言っています。実際に台湾でトクリュウの容疑で検挙されている事案を見たことがありますか？」

この取材後、実際に知り合いの全国紙社会部記者を通じて警察庁に問い合わせたところ、この原稿を書いている時点で、トクリュウを理由とした台湾人の検挙者は皆無であった。

「日本の警察は優秀です。当然外務省や航空会社にも言って、入管の情報や搭乗者名簿、座席表などを持っているでしょう。だけど、まだ逮捕されていない、これが現状です」

そう不敵に告げる王氏に、核心を突く質問を行った。

――なるほど、賄賂などを払ってもなお黒字になるということは、かなり儲かっているということでしょうか？

「正直笑いが止まりませんね。特に、昨年（２０２３年）の春から始めた有名人を使ったトクリュウはすごい反響です」

――えっ、有名人を使ったトクリュウですか？　あれを考えたのも台湾マフィアということでしょうか？

「あれは、うちと兄弟分のグループで考えて始めたんです。流行った頃には台湾だけで１００グループ以上やっていたと思います。それに台湾以外の海外からやっていたグループを考えると相当数の金額と人員が動いていましたよ」

筆者はこの言葉に、「ああ、あの詐欺もまた、街頭が行っているものだったのか」と、少し不謹慎な言い方をすれば感心してしまった。ここで言う〝有名人を使ったトクリュウ〟とは、Facebook や Instagram などのプラットフォームで、有名人の画像を使って行う詐欺のことであり、日本では〝ＳＮＳ型投資詐欺〟と呼ばれることが多い。有名なところで言えば、後日亡くなられた経済アナリストの森永卓郎氏や、ジャーナリストの池上彰氏、実業家の前澤友作氏などの画像や映像をＡＩなどで加工して動画を作成。さも本人たちが投資を募っているようにしてFacebookやInstagramの広告として流し、それに食いついた被害者たちを詐欺サイトなどへと誘導する、というのが一般的な手口となっている。

こちらは多くの人が遭遇した経験があると思うが、これらの詐欺は元々、動画ではなく、芸能人の名前を騙《かた》った詐欺メールが一般的となっていた。多くの人は流石に訝《いぶか》しがるであろう、これらのメールを用いた詐欺であっても、一定数の被害者は生まれてしまっていたのが事実だ。筆者はかつて、知人である詐欺師に聞いたことがあるが、こうしたメールを１０００通送ったうち、２～３人でも釣れれば収支は完全にプラスになるという。

この詐欺を行う際、詐欺師サイドが負担する費用の主となるものは、メールの送信料ではなく、送信先を開拓するための〝名簿〟の購入費だったそうだ。この名簿も、当初は名前や生年月日、住所、電話番号くらいの情報だけであることが多い。しかし、一度被害に遭ってしまうと、クレジット会社や信販会社、金融系の会社などに対して、海外ハッカーや日本のブラックハッカーがハッキングすることで、家族構成やカード番号など、より詳細な個人情報が付加価値として伴った、新たな名簿として新生し、それがかつてよりも高額となって市場に出回ってしまうのだ。

メールを用いた詐欺と同じく、〝有名人詐欺〟に引っかかり、詐欺サイトで個人情報を入力してしまった被害者には、同じような運命が待っている。現状ではＡＩによる動画加工の技術には限界があるということなのか、こうした動画の殆どは、冷静に見てみると口の動きと言葉が合っていないことが一目瞭然であることから、見抜こうと思えば難易度はそれほど高くはない。とはいえ、最初から疑ってかかっているのであればともかく、有名人が投資を勧めている、という体《てい》を画像や動画の広告として取るだけでも、一般的な詐欺より信頼度が増してしまうことは確かだろう。この犯罪については現在、詐欺の被害者はもちろん、動画に使われた有名人サイドからも訴訟が起こり、既に裁判も始まっている。

前者で有名なものとしては、２０２４年に〝有名人詐欺〟の被害に遭った４人が、Facebook などのＳＮＳを運営する米ＩＴ会社大手・メタ社とその日本法人に対して、

２３００万円の損害賠償を求めたというもの。原告側の４人は、２０２３年に8月から10月にわたり、FacebookやInstagramで、上記した前澤氏らを騙る偽の広告動画を閲覧。それを信用し、ＬＩＮＥのグループチャットに加入した彼らは、そこで外国為替証拠金取引（ＦＸ）における架空の投資話を持ち掛けられ、現金を騙し取られてしまったという。原告側はメタ社側が広告内容について真実かどうかの調査を怠ったことが被害の原因であるとしているが、一方でメタ社はサービスの運営を行っており、広告の掲載主体ではないと主張。10月に行われた訴訟の第1回口頭弁論では、請求棄却を求め、争う姿勢を見せている。しかし、この訴訟の後も、同年10月には同様の被害者30人を原告団として、同じくメタ社に4億３５００万円の損害賠償を求める訴訟が起こされており、今後もこうした訴訟は多く見られることになるかも知れない。

後者は、まさに前述の裁判における偽動画の登場人物である前澤氏がやはりメタ社とその日本法人に対して起こした裁判が知られている。２０２４年5月、同氏は自身の名前や写真を無断で使用した偽広告の掲載を行い、肖像権の侵害などを行ったとして、損害賠償1円と偽広告の掲載差し止めを求め訴訟。７月に行われた訴訟の第1回口頭弁論では、メタ社は前澤氏サイドの主張が明らかになってから反論を行うという内容の答弁書を提出し、こちらでも争う姿勢を見せている。

友人から告げられた衝撃の真実と、台湾大規模街頭の内情

現在も様々な意味で社会に爪痕を残す〝SNS型投資詐欺〟だが、ここで通訳を請け負ってくれた友人から、衝撃の真実が告げられることとなった。

「どうせバレるから言いますけど、こうした偽動画を生成するのに使うAIで、広告に使われた多くの有名人の言葉を中国語から日本語に翻訳したのは僕です。犯罪に使われることは知らずに、1人50万円の報酬で、20人以上の有名人の言葉を中国語から日本語に翻訳しました。もしかすると犯罪に使われるのではないか、という懸念はありましたが、報酬が良かったのと、『犯罪には使わない、台湾人の日本語学習に使う』という言葉を信じてしまったんです」

本業を持っている彼は、通訳として知り合いに頼まれる際には、相場よりも安い定額の報酬で行っていたと思われる。犯罪に使われることを危惧しつつも、ついつい高額な報酬に目がくらんで、結果としてトクリュウの片棒を担ぐこととなってしまったのだろうか。そもそも、黒社会や街頭と深い関係にある彼が、犯罪に使われる可能性を本当に危惧していたのか、という点も定かではないが……。

現在も日本を騒がせ続けている最新型の詐欺に関わった人物が、目の前に2人いる――。そんな事実に思わず言葉を失った筆者だったが、王氏は構わず続けた。

「いくら儲けたかという部分はもちろん気になるでしょうが、具体的な金額に関しては言えません。ただ、先程あなたが話した陳がカイエンを即金で買ったのをはじめとして、殆どの人間がいい車に買い替えたぐらいではある、というのは確かですね。私もベンツのVクラスのマイバッハカスタマイズという車を含めて3台購入し、事務所用としてこの近くにビルを新しく建築しています。まあ自分のためだけに金を動かすわけではなく、地元への貢献として消費する部分もありますね。一緒にこの詐欺を始めた兄弟分は台中で一番大きい体育館を作りましたし、私も祭りなどの時には5000万円程度の寄付を行ったり、花火を上げたりしていますよ。これもまた、〝台湾流〟と言えるのかも知れません」

ちなみにベンツのマイバッハに関しては、本来Vクラスベースのものが存在しないものの、カスタマイズを施されたものが3000万円から4000万円以上で流通している。そのため、金を払えばすぐに入手できる車ではなく、オーダーを経て作られる車だとのことであった。

——先程、王さんの組織の構成員は200人以上と聞いたのですが、普段彼らは何をしているのでしょうか？

「50人は毎日何かに備えて兄弟分のジムでトレーニングをしている。50人はトクリュウの管理、100人は個人の仕事やシノギをやっています。多くが集まるのは、月に1回行うミーティングの時ですね。その時に来てくれれば、この駐車場が車で埋まり、事務所の中も入る隙間もないほどの人数で溢れかえるのをお見せすることができますよ。ああ、もちろん何かしらの事態が起これば、すぐに集まれるようになっています。号令をかければ、30分以内でこの事務所の前に150人以上集まるでしょう。訓練を兼ねて、実際に呼んでみましょうか？　中には武器を持ってくる人間もいるかも知れませんよ」

少し剣呑《けんのん》な話が始まったので、通訳を通じ必死に固辞した。王氏は実力を見せたかったのかも知れないが、こちらとしてはかなりの恐怖である。

なお、そんな大人数のメンバーを束ねる王氏は、構成員全員に最低でも毎月50万円の給与を払っているという。単純計算で、月に1億円以上の出費だ。それだけ払っていたとしても、高級車を買い続けたり、自社ビルを建設したりする財力があるということになる。筆者はここで改めて、トクリュウの恐ろしさや、生み出す利益の大きさを目の当たりにしたような気分になった。兆単位で儲けたというのも嘘ではないだろう。さらに、友人はこの話を裏付けるようにこう語り出した。

「僕は王さんの家に行ったことがありますが、台中の市街地にあって本当に大きいんです。セキュリティが設置されている高級住宅街の中の一軒家なんですが、それに加えて自分のグループの人間が別にセキュリティとして入っており、かなりの警備体制となっていますね。家の中は、宝飾品などで溢れかえっています」

この後も、王氏からは薬物の話などを聞いたが、それは別項で後述する。少なくとも、これまでの王氏の話が本当であるならば、台湾の街頭がトクリュウによる利益を大きく上げていることは確かだろう。

日本人だけで海外拠点のトクリュウを行う難しさ

なお、多くの人の中には、2022年5月から2023年1月にかけて発生した連続強盗事件いわゆる「ルフィ事件」のような、外国を拠点とした日本人犯罪組織による強盗事件、が多い印象があるだろう。

「トクリュウ」という名称が誕生するきっかけの一つとなったとも言われているこの事

件は、「ルフィ」を名乗る人物らから、闇バイトに応募した実行役たちに指示が出され、強盗事件が複数回にわたり起こったというものである。引き起こされた事件のうち代表的なものは、2022年5月2日に発生した、京都府京都市中京区の貴金属店に実行役たちが乗り込み、高級時計を強奪した事件や、同年10月20日に東京都稲城市の住宅に実行役たちが押し入り、現金3500万円や金塊などを強奪した事件、そして一連の事件の中で唯一の死亡者を出したことで知られている、2023年1月19日に発生した東京都狛江市の強盗殺人事件などが挙げられる。このうち筆者が最もトクリュウの闇を感じることとなった京都市で起きた事件について、読売新聞オンラインが2023年7月19日に報じた記事を引用しよう。

〝「ルフィ」指示の京都強盗、闇バイト10人は報酬得られず…末端メンバー相手にされず〟

指示役「ルフィ」らによる一連の強盗事件で、SNSの「闇バイト」の募集に応じて昨年5月の京都市の事件に関与したとされる実行役ら12人のうち10人は報酬を得ていなかったことが捜査関係者への取材でわかった。警視庁は、指示役の今村磨人《きよと》被告（39）（強盗容疑で再逮捕）が末端メンバーに報酬が渡らないよう仕組んだとみている。

被害品「再強奪」仕組む

事件は昨年5月2日午後3時過ぎ、京都市中京区の腕時計買い取り店で発生。男女2人が店に押し入り、ハンマーでショーケースを壊して「ロレックス」の腕時計41点（約6900万円相当）を奪って逃走した。

捜査関係者によると、実行役のうち無職の男（21）（懲役10年の実刑判決を受け控訴中）は事件後、被害品の腕時計を別の「回収役」に渡すよう指示され、合流した「運搬役」とともに車で大阪府吹田市の名神高速道路吹田サービスエリア（SA）に移動したが、SAのトイレで何者かに襲われ、腕時計が入ったリュックを奪われた。

その後、一部の腕時計は岐阜県内の駅のコインロッカーから回収され、売却された金を含む約100万円が今村被告の銀行口座に送金された。また、腕時計のうち数点はフィリピンの入管施設に収容されていた今村被告に届けられたほか、今村被告の交際相手のフィリピン人女性にも贈られたとみられる。

この事件で逮捕されたのは今村被告を除いて13人で、うち現場統括役の男(30)(強盗罪などで起訴)を除く12人はSNSの闇バイトに応募していた。だが、12人のうち最終的に報酬を得たのは、コインロッカーから腕時計を回収し、今村被告の口座に送金も行った男(22)(組織犯罪処罰法違反などで起訴)と、実行役の男の2人だけだった。

実行役の男は報酬600万円を約束されていたが、SAで腕時計を奪われたことを理由に19万円に減額されていた。ほかに換金役の2人が20万円と50万円をいったん受け取ったが、「警察にばらされたくなかったら指定口座に振り込め」などと脅され、全額を振り込むなどしていた。

SAに行った運搬役を含む他のメンバーも、数十万～数百万円の報酬を約束されながら結局受け取っていなかった。このうち実行役の女（46）（上告中）は、報酬について現場統括役の男を問いただしたが、相手にされなかったという。

警視庁は、「ルフィ」と名乗った今村被告が、闇バイトで募ったメンバーへの報酬を減らすため、SAでの「二重強盗」などを仲間に指示したとみている。

この事件は、まさに実行役となるメンバーが「使い捨て」にされた一例であり、闇バイトに関わるリスクが最も分かりやすい形で顕在化したとも言うべきものだ。強盗という重罪に手を染めながらも、「ルフィ」を名乗る指示役がこの実行犯からさらに強盗を行い、金品を強奪されたことを理由に報酬を減額、または取り消し。実行役12人のうち10人はなんと報酬を得ることができなかったというのである。ただ働きをして、骨折り損のくたびれ儲けどころか、その上最低5年以上の有期懲役となる強盗罪で逮捕されてしまったことを考えると、闇バイトに参加するのが、どれだけ割に合わないことかというのが分かるだろう。改めて、こうした闇バイトに手を出さないようにするべきだということを、筆者は声を大にして伝えたい。

この一連の強盗事件では、フィリピンの入国管理局ビクータン収容所に収監されていた男たち4人が指示役として、闇バイトに応募した実行役を操り、強盗を繰り返していたということが繰り返し報道されることとなった。プロの強盗と異なり、窓ガラスをたたき割ったり、必要以上に被害者に暴行を加えたりする手口は、外国を拠点とする日本人犯罪組織が行う蛮行の恐ろしさを、強く世間に印象付けたことだろう。

しかし、意外に思われるかも知れないが、本来的には海外拠点のトクリュウの場合、日本の暴力団、つまり裏社会は、こうした事件に関しては完全に下請けとなるケースが多い。そもそも、日本人が海外に拠点を置いた上で、トクリュウや強盗などの犯罪を行おうとすれば、周囲によほどのコネを築かない限りは、周りから警察に密告されて、数カ月も持たずに検挙されてしまうことになるだろう。上記のように、度々海外を拠点としたトクリュウの犯罪が摘発され、報じられているが、こうしたケースの多くは、日本人が単独でトクリュウをやろうと考え、結果として摘発された事件が殆どであることも想像できるのだ。

海外でハコと呼ばれる、掛け子がトクリュウの詐欺電話を行う場所は、現地のブローカーや悪徳不動産屋などとのコネを築いた上で、彼らから手に入れる情報を加味して安全性を確保できる物件を選ばなければならない。そのコネを、拠点にするために訪れた程度しか現地との関係性がない日本の裏社会の人間が作るのは不可能に近いのは自明の理だ。上記のルフィ事件では、黒幕はＪＰドラゴンという日本の裏社会から抜けた人間が作った組織と言われている。それも一部分においては正しいだろうが、筆者の取材した限りでは、完全な正解であるとは言い難い。彼らの裏にはフィリピン現地のマフィアがいることはまず間違いないだろう。誤った認識で、ルフィやＪＰドラゴンのメンバーを逮捕するだけで事件を終結させ、本来の容疑者であり黒幕であるフィリピンマフィアにはたどり着かない、という結末にならないことを、切に願っている。

第2章 潜入・台湾黒社会

台湾のトクリュウに関わった日本人

話を本筋に戻すが、筆者は王氏の他にもさらに2人、この台湾におけるトクリュウに関わった人物に話を聞いている。そのうち1人は、王氏のインタビューの際、通訳を務めてくれた友人から、「11月29日まで台湾でのトクリュウに携わり、仕事を終えて日本に30日に帰る人間がいるので、会うならセッティングしますよ」と、紹介された人物だった。筆者が王氏にインタビューした2月から、9カ月以上の時を経ていたが、筆者は夏の終わりから秋口にかけて、トクリュウが行う詐欺電話のシナリオが変わったことを知り、それを追っていた。そんな中、台湾トクリュウの最前線を知るであろう人物と接触できるのは、まさに渡りに船とも言うべき提案だったのだ。

その人物が成田空港に到着するのが30日の夕方と聞いていたので、当初は成田空港周辺のホテルを手配したのだが、相手が一刻も早く自宅に帰りたいため、新宿にしてほしいと提案され、急遽場所を変えてインタビューを行うこととなった。

その人物の服装などといった特徴は友人から伝えられ、待ち合わせの場所である喫茶店で待っていたが、約束の時間を過ぎても指定した場所に現れない。若干の不安を感じたが、紹介してくれた友人から、高速バスの渋滞で少し遅れる旨がLINEを通じて連絡された。〝飛ぶ〟気であるなら、こうした連絡をよこさないだろう、とポジティブに考えた筆者は、根気よくその場で待つことにしたのである。

小一時間ほど待っただろうか、友人から聞いていた服装の人物がスーツケースを携え、喫茶店の中に入ってきた。三上氏（仮名）と名乗るこの男性と、挨拶を交わした後、取材の交渉を開始する。名刺を渡した筆者が「台湾のトクリュウについて、色々調べているので協力してくれませんか」と伝えると、三上氏は「もう行かないので、僕の身元さえ隠してもらえるなら、知っている限りの情報をお伝えできると思います」と、心強い返事をくれたため、さっそくインタビューを開始した。

——台湾には何回行かれましたか？

「2回です」

――報酬はどのくらいを提示されたのでしょう？

「ベースとなる給料は40万円で、相手から騙し取った総額の３％がボーナスとして支給されていました」

――今回の詐欺案件、いわゆるトクリュウに参加したきっかけは？

「Ｘ（旧・Twitter）で何か仕事ないかな、と呟いたのがきっかけですね。ここに『＃闇バイト』『＃高額』などのハッシュタグをつけると、リクルーターの方から声をかけてきてくれるんです」

――それで、実際にスカウトが来たわけですね？

「ＤＭで10通以上のスカウトが来ました。その中から、一番条件が良く、話がまともそうで、こっちの言い分とか聞いてくれたグループに参加することにしたんです」

さらに話を聞いてみると、このグループとは先にインタビューした王氏のグループとのことだった。街頭の中では大きなグループであると王氏からは聞いていたため、三上氏の言う条件の良さなどについては納得できる部分があったが、世間とは狭いものである。

――観光ビザでは90日までの滞在となっていますが、2回の滞在は、両方ともフルで滞在した形でしょうか？

「そうですね。今年（2024年）の5月から7月が1回目、そこから一旦帰国して、9月から今日までいました」

――稼ぎはどのくらいでしたか？

「前回は120万円くらいでしたが、今回は280万円でした」

――日本へ持ち帰ることができる金額は100万円までですが、オーバーした分についてはどのように持って帰ってきたんでしょうか？

「1回目は手荷物の中に隠して持ち帰りました。今回はかなり多めだったので、オーバーしたお金は荷物と一緒に送りましたね」

――普通の荷物とお金を一緒に送ったわけですね。なくなるのが怖くありませんでしたか？

「通訳の人から、『日本の入国審査が厳しくなっているから、郵送が一番いい』と言われたので」

三上氏はこう答えたが、確かに筆者が台湾に2回渡航した経験からしても、1回目に比べて2回目は帰国の際の入国審査が、1年足らずで非常に厳しくなったような印象を受けた。しつこいほどの持ち物検査など、数多くの出入国を経験している筆者であっても、この時が初めてと言っていい。それだけ、こうしたトクリュウに関わる人間が台湾を訪れており、当局も警戒しているということなのだろう。

最新のトクリュウで使われる新たな〝シナリオ〟

前述したように、２０２４年の前半においては、有名人の画像や動画を使った「ＳＮＳ型投資詐欺」が流行していた。しかし現在は、また新たなスキームが誕生し、世間を騒がせている。それが、警察官を名乗ってリバトングループ事件に関連した疑いをかけ、金銭を騙し取るというトクリュウだ。リバトングループ事件については記憶に新しい読者も少なからずいると思うが、以下にＮＨＫが公式サイトで24年7月３日に公開した記事を引用したい。

〝資金洗浄事件　新たに3人の容疑者の顔写真を公開〟

ペーパーカンパニーの口座を使って、詐欺の被害金などの資金洗浄を行ったとして13人が逮捕された事件で、警察は3日、新たに全国に指名手配されている3人の容疑者の顔写真を公開しました。「リバトングループ」の主要なメンバーとみられ、いずれも海外に出国した疑いがあるということで、警察が行方を捜査するとともに情報の提供を呼びかけています。
川崎市の会社役員ら13人は、詐欺の被害者などから実体のないペーパーカンパニーの口座に振り込まれた金を別の口座に移して、マネーロンダリング＝資金洗浄を行ったなどとして、ことし5月と先月、組織犯罪処罰法違反などの疑いで逮捕され、このうち8人は違法なオンラインカジノの賭け金について同じ手口で資金洗浄を行ったとして3日、再逮捕されました。
容疑者らは「リバトングループ」を名乗り、さまざまな犯罪グループから依頼を受けて資金洗浄を繰り返していた疑いがあり、管理する4000以上の口座には少なくとも600億円が入金されていたということです。
大阪府警は、ほかにも30人以上が関わっているとみて捜査していますが3日、新たにこのうち3人の容疑者の顔写真を公開しました。
いずれも住所・職業不詳の
石川宗太郎容疑者（35）
山田浩輔容疑者（39）

それに
池田隆雅容疑者（38）で
組織犯罪処罰法違反などの疑いで逮捕状を取り、全国に指名手配しているということです。

3人はグループの主要なメンバーとみられていますが、いずれもことし1月から4月にかけて海外に出国した疑いがあるということで、警察が行方を捜査するとともに情報の提供を呼びかけています。

（中略）

「リバトングループ」の構図
警察によりますと「リバトングループ」は、9つの法人からなり、合わせて40人以上のメンバーがいたとみられています。
それぞれのメンバーが知人に依頼したり、SNS上で「副業として簡単に稼げる」と投稿したりして、いわゆるペーパーカンパニーの「設立者」となる人物を集めていたということです。
そして、実体のある法人を装って金融機関で口座を開設し、これらの口座をグループが管理していました。
そのうえで、さまざまな犯罪グループなどから依頼を受けて報酬と引き換えに資金洗浄を行っていたとみられています。
警察はこれまでにグループのメンバー13人を逮捕したほか、海外に出国した疑いがある数人の逮捕状を取って行方を捜査しています。
警察が主要なメンバーとみているのが、すでに逮捕されている
藤井亮平容疑者（41）と
大和隆生容疑者（40）
それに3日、顔写真が公開された
石川宗太郎容疑者（35）
山田浩輔容疑者（39）
池田隆雅容疑者（38）です。

この5人はいずれもグループの法人の役員に名を連ねていました。

また、警察によりますと「リバトングループ」という名称は5人のうち、石川容疑者の名前をもとに川の「リバー」と石の「ストーン」を組み合わせたものであることが分かったということです。

具体的な役割分担はまだはっきりしていないということですが、警察は5人が中心となってほかのメンバーにさまざまな指示を出していたとみて、グループの実態解明を進めています。


このリバトングループとは、様々な裏社会の組織から依頼され、500社ほどのペーパーカンパニーや、4000を超える法人口座を用いて、犯罪収益のマネーロンダリングを行っていたグループである。実は、いま日本で多く被害を出している警察を騙ったトクリュウはこの事件を利用したシナリオが用いられているのだ。主な内容としては、この事件の主犯の1人とされている山田浩輔被告に関連をしていないか、と大阪府警の警察官を騙った掛け子は被害者に詰問。マネーロンダリングの協力者として容疑がかかっているから口座の情報を提供してほしい、などと呼びかけ、金銭を騙し取るというものである。NHK公式サイト内の大分NEWS WEBというコーナー内で、2024年11月29日に公開された記事に、まさにこの大阪府警を名乗るトクリュウの被害が報じられていたため、引用しよう。

〝警察官名乗る人物から電話 女性が約5000万円詐欺被害〟

警察官を名乗る人物から「あなたにはマネーロンダリングの容疑がかけられている」などと、うその話をされた県内の女性が、相手の指示に従っておよそ5000万円を振り込んでだまし取られたことが分かり、警察は特殊詐欺事件として捜査しています。

警察によりますと、今月25日、県内の女性の携帯電話に大阪府警の警察官を名乗る男から電話があり、「マネーロンダリング事件のことで聞きたいことがある」など切り出されました。

その後、別の警察官を名乗る男に電話が代わり、「逮捕した犯人からキャッシュカードを押収したところ、マネーロンダリングで動いた金が1000億円ある。あなた名義のキャッシュカードがあり、容疑がかかっている」などと言われました。

さらに、このあと検察官を名乗る男からアプリを通じて電話があり、「あなたに逮捕状が出ている。口座を調べる必要があるので、持っている口座の銀行名と残高を教えてください。その金を指定の口座に送ってください」などと指示され、女性の名前が書かれた逮捕状の画像が送られてきたということです。

話を信じた女性は、27日にかけてあわせて5133万円を振り込みましたが、何度も高額の振り込みを求められたことを不審に思い、大阪府警に相談したところ、被害が発覚したということです。

警察は特殊詐欺事件として捜査するとともに、「警察官や検事がお金を口座から引き出させたり、振り込ませたりすることは絶対にない。お金に関する不審な電話があったときは家族や近くの警察署にすぐに相談してほしい」と呼びかけています。

本人が知らないうちに、マネーロンダリングを行った容疑をかけられ、自身の名前が入った逮捕状が見せられる……。矢継ぎ早にそんなことを告げられるような状況では、この被害者の女性も冷静な判断ができず、金を振り込んでしまったということだろうか。

こうした警察官を騙るタイプのトクリュウはかなり初期から行われている手口で、かつてはテレビなどにも多く報道されているように「あなたの銀行の通帳やカードが犯人の自宅から見つかった」「資金洗浄事件の容疑者である」「警視庁など各都道府県警と合同で捜査している」などの内容が多く用いられていた。その後、警視庁捜査二課と名乗る電話詐欺を仕掛けるのが新たなトレンドとなったが、ついには実在の事件を利用したシナリオが誕生したということである。

日本の有名人を騙った「SNS型投資詐欺」が大きな被害を出した後には、このような大型詐欺事件が起こり、世間を賑わせている。これらのシナリオを考えている人間は、果たして誰なのであろうか。同一人物であるとすれば、ある種の天才であることは間違いないだろう。

このシナリオを使った詐欺電話は、台湾を中心とした東アジアの諸国から日本にかけられている。筆者が警察庁に取材した結果、原稿を書いている現時点での東アジアの特殊詐欺で逮捕者の数は、合計48人。内訳としては、タイが1人、ベトナムが6人、フィリピンが18人、カンボジアが23人となっている。台湾からの逮捕者がいないことが空恐ろしいが、王氏が先に述べた通り、賄賂で繋がった当局と台湾黒社会の蜜月がゆえなのであろう。

また、このリバトングループ事件を利用したトクリュウでは、掛け子のトークテクニックについても注目すべき部分がある。よくできたシナリオであることは確かだが、このシナリオで詐欺電話を行う掛け子には、大阪府警という部分に説得力を持たせるため、流暢な関西弁を話すスキルが求められるのではないか、という点だ。こうした方言は一朝一夕で扱えるようになるわけではない。筆者の知人である大手新聞社会部記者の予想では、元から関西弁を扱うことができ、テレアポや営業などの経験者である人間を集めて、「ニセ大阪府警」を結成している組織が多いのではないか、とのことだが、筆者も同じように考えている。トクリュウでは一定期間ごとに、こうした用いるシナリオを変えていくのが常套手段だが、どのような内容のシナリオであったとしても、ある程度以上は真に迫る要素が、被害者を騙すためには必要になるはずだ。

なお、以下に東京都生活文化スポーツ局が公開している警視庁管内におけるトクリュウの被害に関するデータを引用するが、2024年10月時点でのトクリュウの認知件数は、前年同期比で366件増となる2704件。10月単月だけで見ても、前月比50件増の333件と、ニュースなどでこれだけ注意を促すように周知されているにもかかわらず、増加傾向にある。また、被害総額についても通年で前年同期比+約32億7223万円となる約96億5761万円と、件数の増加割合をかなり上回るペースで増加している状況だ。これは1件あたりの被害額が大きく増えているということの証左に他ならない。また、24年に入ってからの都内におけるトクリュウの認知件数、被害額の推移のデータを見ると、特に被害額では8月から大きく伸びている。これが、前述のリバトングループを利用したシナリオというトクリュウのスキームの変更によるものではないかと、筆者は推測しているのである。

なお、今さらではあるが、トクリュウと言っても、様々な種類のものがあり、細かく分類されている。東京都生活文化スポーツ局の公式サイトから再び引用しよう。

オレオレ詐欺

親族、警察官、弁護士等を装い、親族が起こした事件・事故に対する示談金等を名目に金銭等をだまし取る（脅し取る）詐欺

預貯金詐欺

親族、警察官、銀行協会職員等を装い、あなたの口座が犯罪に利用されており、キャッシュカードの交換手続きが必要であるなどの名目で、キャッシュカード、クレジットカード、預貯金通帳等をだまし取る（脅し取る）詐欺

架空料金請求詐欺

未払いの料金があるなど架空の事実を口実とし金銭をだまし取る（脅し取る）詐欺

還付金詐欺

税金還付等に必要な手続きを装って被害者にATMを操作させ、口座間送金により財産上の不法の利益を得る電子計算機使用詐欺又は詐欺

融資保証金詐欺

実際には融資しないにもかかわらず、融資を申し込んできた者に対し、保証金等の名目で金銭等をだまし取る（脅し取る）詐欺

金融商品詐欺

架空又は価値の乏しい未公開株、社債等の有価証券、外国通貨、高価な物品等に関する虚偽の情報を提供し、購入すれば利益が得られるものと誤信させ、その購入名目等で金銭等をだまし取る（脅し取る）詐欺

ギャンブル詐欺

不特定多数の者が購入する雑誌に「パチンコ打ち子募集」等と掲載したり、不特定多数の者に対して同内容のメールを送信する等し、これに応じて会員登録等を申し込んできた被害者に対して会員登録料や情報料等の名目で金銭等をだまし取る（脅し取る）詐欺

交際あっせん詐欺

不特定多数の者が購入する雑誌に「女性紹介」等と掲載したり、不特定多数の者に対して「女性紹介」等を記載したメールを送付するなどし、これに応じて女性の紹介等を求めてきた被害者に対して会員登録料金や保証金等の名目で金銭等をだまし取る（脅し取る）詐欺

その他の特殊詐欺

上記類型に該当しない特殊詐欺

キャッシュカード詐欺盗

警察官や銀行協会、大手百貨店等の職員を装って被害者に電話をかけ、「キャッシュカードが不正に利用されている。」等の名目により、キャッシュカード等を準備させせた上で、隙を見るなどし、同キャッシュカード等を窃取する手口

この項目を見るだけでも、どれだけトクリュウの手口が複雑化し、多くの手口が存在しているのかが分かるだろう。なお、２０２４年10月時点で２７０４件のトクリュウが発生しているというデータを引用したが、これらの手口ごとに見た場合、オレオレ詐欺は前年同期比３９４件増の１０５９件、預貯金詐欺は２１６件減の３３４件、架空料金請求詐欺は３件増の３６９件、還付金詐欺は２４２件増の６７４件、融資保証金詐欺は7件増の14件、金融商品詐欺は21件減の0件、ギャンブル詐欺は1件減の1件、交際あっせん詐欺は増減なしの0件、その他の特殊詐欺は34件増の38件、キャッシュカード詐欺盗は76件減の２１５件となっている。

また、被害総額で見た場合も、全ての詐欺を合わせた約96億5761万円のうち、オレオレ詐欺は前年同期比約33億2709万円増の約60億8569万円、預貯金詐欺は約2億952万円減の約3億3552万円、架空料金請求詐欺は約1億9790万円減の約14億5572万円、還付金詐欺は約7億6721万円増の約13億8196万円、融資保証金詐欺は約6億669万円増の約1億4244万円、金融商品詐欺は約4億3784万円減の0円、ギャンブル詐欺は約1億661万円増の約2894万円、交際あっせん詐欺は増減なしの0円、その他の特殊詐欺が約8591万円増の約9737万円。キャッシュカード詐欺盗は約8602万円減の約2億5815万円という結果だった。

件数、被害総額ともに最も伸び幅が大きいのは、オレオレ詐欺、ともに次点となっているのが還付金詐欺という結果だが、ともに使い古され、テレビをはじめとした各メディアで警鐘を鳴らされ続けている手口であり、「なぜ減らないのか？」と疑問に思う読者も多いのではないだろうか。このことを不思議に思う気持ちは筆者にもあるが、恐らく両者はシナリオの細部を変更するだけで通用してしまう優秀なスキームであるということだろう。これらはまさに、トクリュウの〝王道〟ということなのかも知れない。

令和6年10月単月　特殊詐欺認知件数
333件（前月比＋50件）

特殊詐欺被害手口別内訳（前月比）

特殊詐欺	333件（＋50件）
・オレオレ詐欺	196件（＋47件）
・預貯金詐欺	17件（－11件）
・架空料金請求詐欺	35件（－12件）
・還付金詐欺	62件（＋13件）
・融資保証金詐欺	3件（＋3件）
・金融商品詐欺	0件（±0件）
・ギャンブル詐欺	0件（±0件）
・交際あっせん詐欺	0件（±0件）
・その他の特殊詐欺	2件（＋1件）
・キャッシュカード詐欺盗	18件（＋9件）

令和6年10月末　特殊詐欺認知件数
2,704件（前年同期比＋366件）

特殊詐欺被害手口別内訳（前年同期比）

特殊詐欺	2,704件（＋366件）
・オレオレ詐欺	1,059件（＋394件）
・預貯金詐欺	334件（－216件）
・架空料金請求詐欺	369件（＋3件）
・還付金詐欺	674件（＋242件）
・融資保証金詐欺	14件（＋7件）
・金融商品詐欺	0件（－21件）
・ギャンブル詐欺	1件（－1件）
・交際あっせん詐欺	0件（±0件）
・その他の特殊詐欺	38件（＋34件）
・キャッシュカード詐欺盗	215件（－76件）

令和6年10月末　特殊詐欺被害総額
約96億5,761万円（前年同期比＋約32億7,223万円）

特殊詐欺被害手口別内訳（前年同期比）

特殊詐欺被害総額	約96億5,761万円 （前年同期比＋約32億7,223万円）
・オレオレ詐欺	約60億8,569万円（＋約33億2,709万円）
・預貯金詐欺	約3億3,552万円（－約2億952万円）
・架空料金請求詐欺	約14億5,572万円（－約1億9,790万円）
・還付金詐欺	約13億8,196万円（＋約7億6,721万円）
・融資保証金詐欺	約1,424万円（＋約669万円）
・金融商品詐欺	0円（－約4億3,784万円）
・ギャンブル詐欺	約2,894万円（＋約1,661万円）
・交際あっせん詐欺	0円（±0円）
・その他の特殊詐欺	約9,737万円（＋約8,591万円）
・キャッシュカード詐欺盗	約2億5,815万円（－約8,602万円）

都内特殊詐欺認知件数の推移（令和6年10月末）

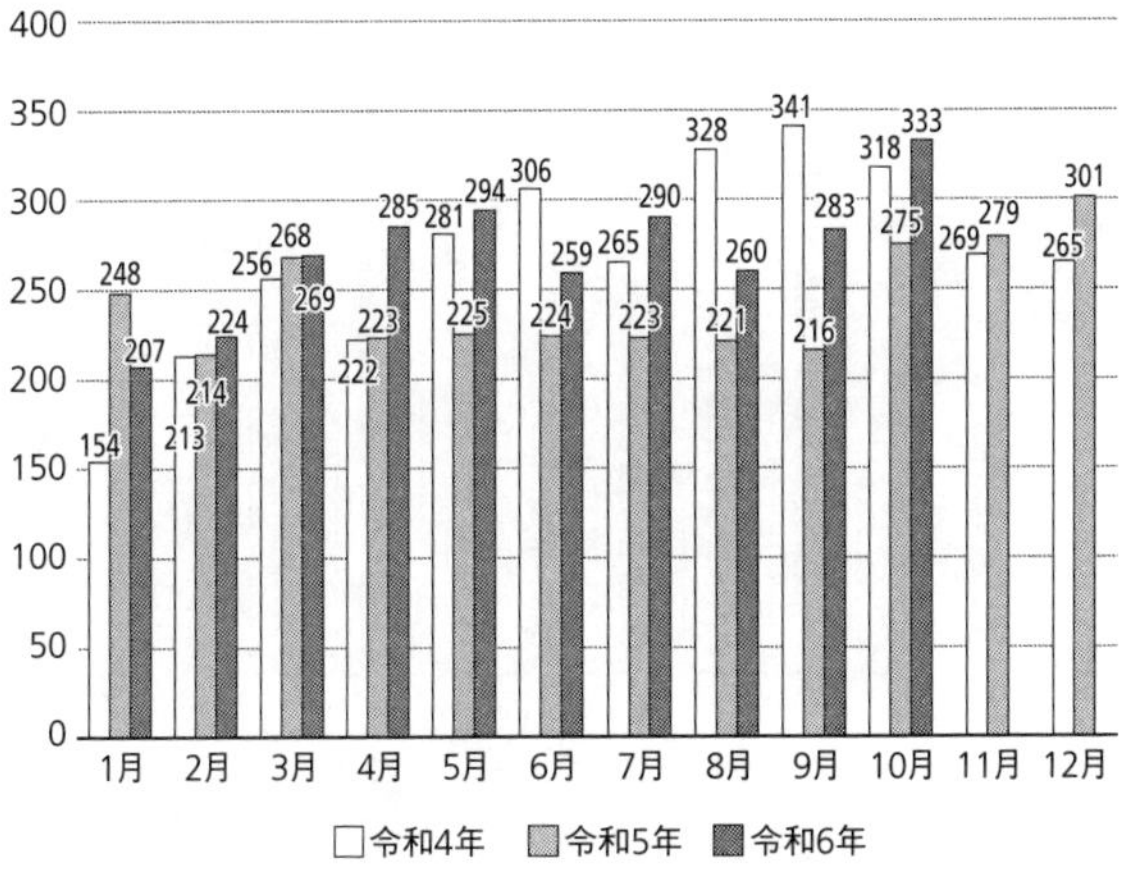

特殊詐欺手口別内訳（令和6年10月単月）

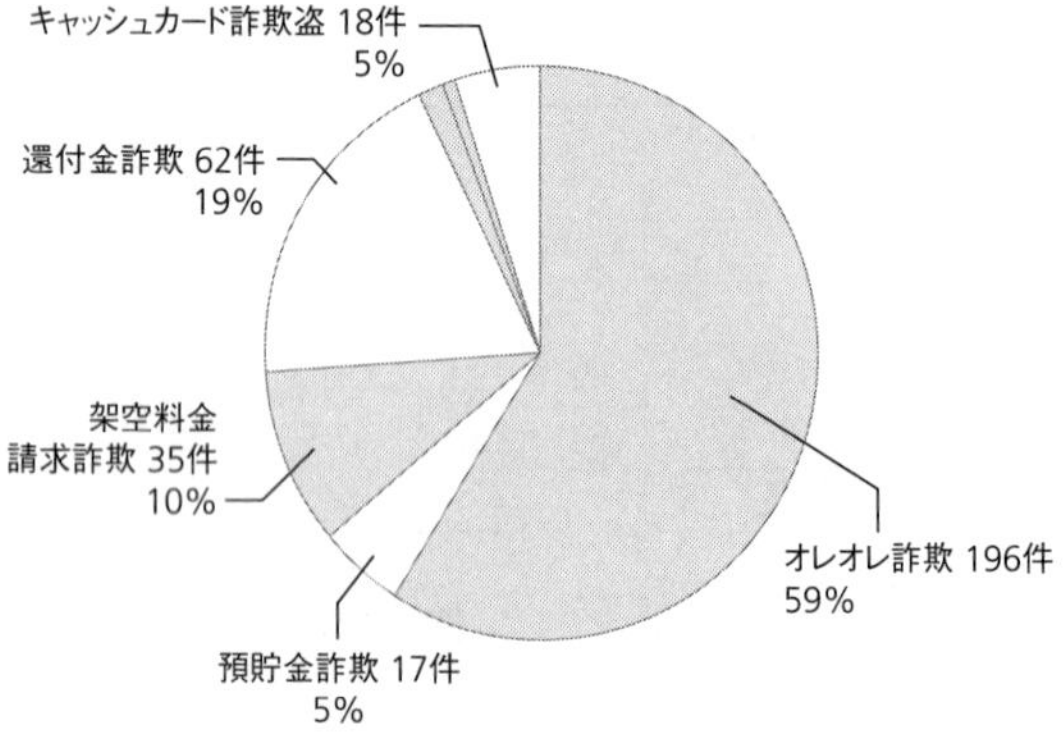

令和6年10月単月　特殊詐欺被害総額
約13億6,462万円（前月比＋約1億2,332万円）

都内特殊詐欺被害額の推移（令和6年10月末）

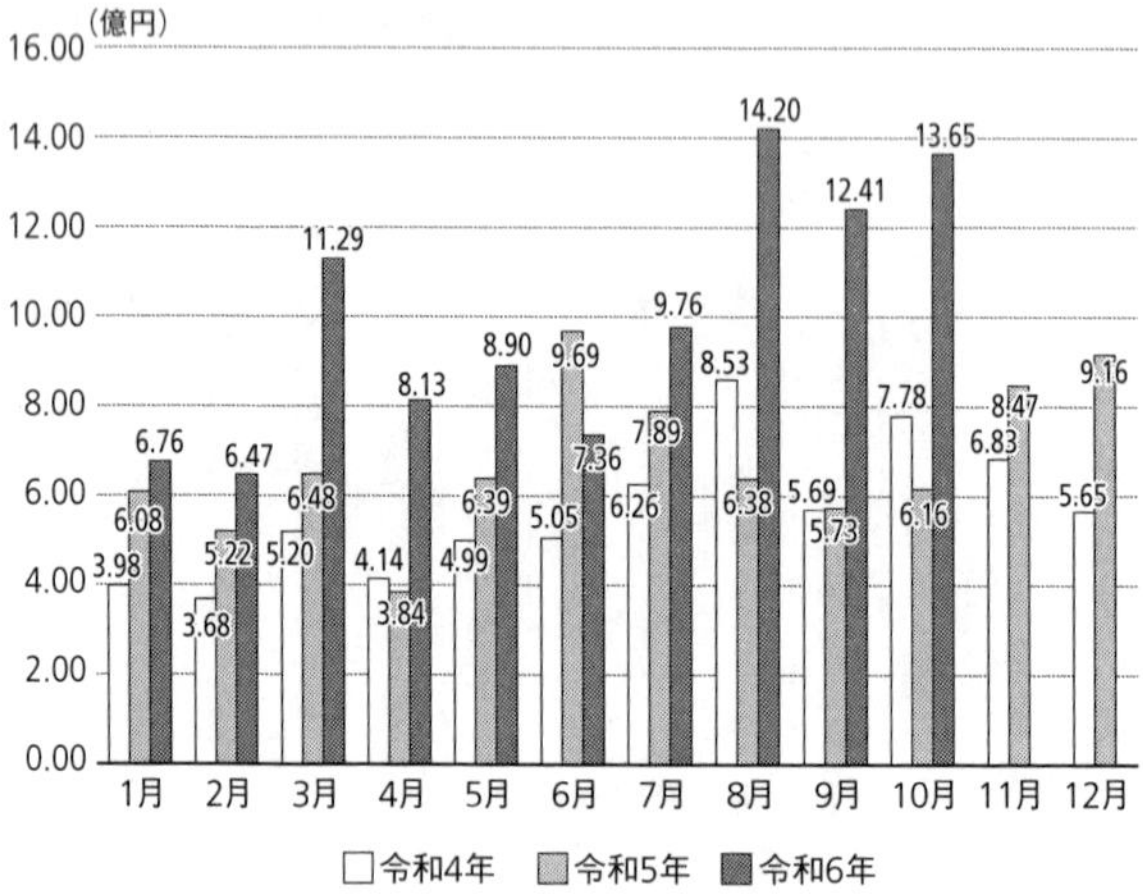

出典:東京都生活文化スポーツ局

こうしたデータから読み解ける部分も多いが、何よりも大事なのは現場の声である。筆者はトクリュウにおける最新スキームである「ニセ大阪府警」について、三上氏に質問してみた。

——近頃、リバトングループ事件を利用して、大阪府警を騙るトクリュウが増えていますが、このような関西弁を話す掛け子の部屋を見かけたことはありますか？ そこはどんな感じの部屋でしたか？

「一般の掛け子は立入禁止の部屋があったんですが、そこからは確かに関西弁が聞こえていましたよ。部屋の様子は、立入禁止だったのでちょっと分かりませんけど。でも、最近日本人が増えているのは確かです。ベースとなる給料も、僕は月40万という契約でしたが、あとから来た人間では月50万だったりして、個々人で条件が変わっていましたからね。もしかすると、関西弁を扱える人間は優遇する、みたいなものがあったのかも知れません」

どうやら、王氏の組織においても、リバトングループ事件を利用したシナリオは、最新スキームとして取り入れられていたようだ。

――電話をかける際の設定、いわゆるシナリオを書いている人間に心あたりはありますか？

「多分日本からシナリオが送られていました。はっきりと分かりませんが、そのようなことは言っていました」

――毎日シナリオや狙う相手についての指示というのは変わるものなんですか？

「狙う対象については、『今日はこのエクセルの表に貼ってある人間を狙ってくれ』、と毎日指示が変わっていましたね」

掛け子が語る台湾トクリュウの現場

ここで、三上氏の具体的なトクリュウでの仕事ぶりについて、聞いてみた。

「初めの3カ月は有名人を使った詐欺が中心でしたね。Facebook や Instagram で広告を打ってDMを送ってきた人間をLINEに誘導して騙すという方法ですが、年配の人が多い Facebook のほうが反応良かったですね。これも最初のうちは面白いように騙されてくれましたが、7月には下火になっていて、ほぼ何もない日もありました。特別休暇の日もあるくらい暇な日も続いていました」

――なるほど。いわゆる「SNS型投資詐欺」に関わっていたのですね。でも、1回目の7月には下火になったのに、同じグループから再び9月に呼ばれることになったのはなぜですか？

「9月に台湾に渡航した時には、掛け子をやっていました。再び呼ばれた理由ですが、トークの際、次から次へと言葉が出ることを買ったと王さんは言っていましたよ」

三上氏も、言い方を選ばずに言うならば、トクリュウの〝才能〟がある人間だったということなのだろうか。続けて、台湾でトクリュウに関わっていた際の生活について聞いた。

——どんな部屋で過ごしていましたか？

「二段ベッドが３つある部屋に３人で過ごしていました。この３人１チームというのが、僕が行った現場の基本だったのですが、チームが３つ集まって、本部で電話の競い合いをしていましたね。この本部にはノルマ表が貼ってあり、１位のチームには褒美として週末にＫＴＶに飲みに連れて行ってもらうことができたんです。それが楽しみで、みんな競って電話をしていました」

ＫＴＶとは、一般的には日本で言うところのカラオケボックスのことだが、いわゆるキャバクラのようなものや、性的な営業を行う店など様々な形態がある。

——ちなみに、そのノルマはどれぐらいの金額だったんですか？

「1チーム3000万円以上です」

――週に？

「そうです」

――それは達成できていましたか？

「そこはどのチームも余裕で達していました」

――お金を回収した時点で、ノルマが達成される？

「そうですね、回収は日本にいる人間の役割なので」

――詐欺1回あたり、最高金額はいくらぐらいだったんでしょう？

「僕は2000万円ぐらいですね。でも、同じチームには2億円取った人もいました」

――勤務時間はどれぐらいでしたか？

「朝9時から夜の7時までで、週に1回1、2時間の反省会があり、ノルマを達成したうち、最も成績が良かったグループは、その時間帯にKTVで女遊びしています」

――掛け子の年齢層はやっぱり幅広いのでしょうか？

「10代から、上は70歳以上の人もいたのかな。宿舎には入れ歯洗浄剤がありましたから。だけどその人仕事ができないので、1カ月で帰されていました。結局、こちらから話しかける内容についてはマニュアルがあっても、向こうからかけられる言葉へのレスポンスは個々人のセンスですから。予想外の返答が来た時、咄嗟《とっさ》に返せず口ごもってしまうような人間は、やはりこの仕事に向いていませんよ」

――よくニュースなどで、こうしたトクリュウの闇バイトに応じて現場に行ったら監禁されたとか、パスポートを取られて帰れなかったという報道がされていました。三上さんの場合はどうでしたか？

「そういう記事や報道をネットで見て、皆で笑うぐらいには快適な環境でしたね。王さんも、『経費を抑えてやろうとする組織は、ああいう待遇になる』と言っていました。僕らもパスポートは預けていましたけど、逃げようと思えば逃げられる環境にいましたね、台中の市内までタクシーで20分くらいの場所に宿舎がありましたから」

──三上さんが帰国する時点では、掛け子はどのくらいの人数がいましたか？

「20～30人だと思いますよ、毎日誰か帰国するし、毎日誰か来ますから」

──人員の入れ替わりが激しいわけですね。新しく来た人っていうのは、即戦力になるものなんですか？

「初めの3カ月は見習いです。報酬は出ますがボーナスはもらえません、基本給だけです。次からの3カ月でノウハウを覚えて稼げるようになります。僕も1回目は120万円だけでした」

トクリュウにも試用期間にあたるものがあったとは驚きだが、三上氏がインタビュー冒頭で告げた1回目と2回目の稼ぎの差は、歩合の他にも、こうしたボーナスの有無部分も影響しているのかも知れない。最初の渡航でうまい思いをしてしまった人間は、「次はもっと稼げる」と考え、再びトクリュウに手を染めてしまうような構造になっているということだろう。

——日本をはじめとした他国のトクリュウでの逮捕者を見ると、最近では女性も増えつつある印象があります。三上さんのいたグループには、そうした女性はいませんでしたか？

「会ってはいないけど、女性の金の運び屋は雇っていましたね。日本で2泊3日の安いツアーに参加して一般の旅行客に扮して来ていたそうです」

——それはプロではなく一般人？

「同じくXとかで応募してきた女性だと思います」

――そういう運び屋も結構集まるものですか?

「Xでの募集以外に、スカウトが街中で声をかけた子を連れてくる場合もあったと思います。中には、モデル並みの子もいると聞きました」

先程、三上氏の発言や、筆者の経験から、台湾の出国における荷物検査が厳しくなったということを紹介したが、王氏の組織はそうした問題への対策も行っているらしい。一人旅で同じ国への出入国を繰り返した場合、税関から怪しまれてしまうケースが多く、台湾も例外ではない。しかし、ツアーに参加するという方法を取ると、ある程度は誤魔化しが利くのだろう。

こうした金の運び方について、一番安全なのは海外送金ではないかと考える読者の方もいるだろう。しかし、手数料が想像を超えるほど高いうえ、100万円以上の海外送金は税務署に報告されるなど、違法な金を送金する上では、損失やリスクが大きくなってしまう部分がある。100万円を送るのに半分近くの手数料を取られた上で、場合によっては関係当局に報告されることを考えると、1人あたり10万〜20万円で運び屋を雇った方がリスクも手数料も低いのだ。

例えば、1回のツアーで3人の運び屋を雇い、その人間が1人1000万円を運ぶと想定した場合、3000万円を約30万〜60万円の手数料で運ぶことができる、行きも帰りも空港へ送り迎えが付いているツアーなので、運び屋が逃げるリスクも個々人でやらせるより少なく、運び屋サイドから見ても、運んだ金をちゃんと渡せば、報酬をもらった上で、あとは自由にしていいのだ。万引きと同じく、こうした犯罪を繰り返していると次第に麻痺してきて、旅行付きの割のいい話に思えてきてしまう、というのも、こうした運び屋稼業を行わせる人間が枯渇しない理由なのかも知れない。実際は、犯罪が露見した場合、重い罪が待っているのだが……。

「他にも、こちらはあくまで噂ですけど、特定の街頭はＣＡにこうした運び屋業務をやらせているという話も聞きましたね、本当かどうかは分かりませんが」

三上氏はこう付け加えたが、過去にCAやパイロットなどの客室乗務員を使った密輸事件は多く発生している。それだけに、単なる噂に留まらないリアルさを感じてしまった。火のないところに煙は立たぬということわざ通り、何かしらのグループが、こうした犯行を行っていてもおかしくないだろう。

筆者は、話を聞き進めるうちに、三上氏がトクリュウの一員として、有名人を使ったSNS型投資詐欺や、現在問題になっている警察官を騙った詐欺にも加担した人物であるのだということを強く実感することとなった。正直、このまま警察に付き添って、自首を勧めることも考えたが、彼を紹介してくれた友人、そして何よりも貴重な情報をくれた三上氏本人に対する筆者なりの仁義の通し方として、あくまでも話を聞くに留めることにしたのである。

「ニセ大阪府警」の掛け子との接触

そんな筆者の逡巡に気付いたのか、あるいは1時間程度としていたインタビューが、予定を30分以上超過したことに辟易したのか、三上氏は「他のトクリュウに関わった人間を紹介するので、今日はもう帰っていいですか」と新たな人物を紹介するのを約束してくれたものの、その日のインタビューはここで打ち切られることとなった。氏によれば、紹介してもらえる人物とは、三上氏と別のグループにいたものの、同年代で話が合ったという奈良県出身の人物だという。

奈良県出身ということは、もしかして関西弁を操る「ニセ大阪府警」の一員なのではないか。そのような期待をしながら連絡を待っていると、その日の夜のうちに、片岡と名乗る人物から非通知で着信が来た。聞けば、8月から10月の3カ月で、観光ビザで台湾に滞在し、トクリュウの掛け子を行っていたのだという。筆者はさっそく、この片岡なる人物に話を聞くことにした。

——大阪府警を名乗るトクリュウについて聞きたいんですけど、知ってますか？

「1カ月やっていましたよ」

——それはどんなきっかけで？

「上から言われたことがきっかけです。新規事業をスタートするので、スターティングメンバーにならないか、と言われたんですわ」

——掛け子を行う際には、どのような話を相手にしたのですか？

「実際に逮捕されている人間の名前を出して、『この人に通帳を売ったのか』とか、『振り込みはあったのか』とか、台本通りに話しただけです」

——台本は誰が作ったかご存知ですか？

「分からんですけど、ハコの壁には門答集のマニュアルが貼ってあって、こう言われたらこう答える、みたいのが書いてあったんですよ。だから、それに沿って電話をしていたかな」

——片岡さんの部屋には何人ほどメンバーがいましたか？

「……これ警察に言わんですよね？　まあ非通知だし、言われたところでどうにもならんだろうからいいんやけど。僕らの部屋は6人で、1チーム5、6人で見習いが2人はいたんかな。それが4チームありました」

――他の人の通話丸聞こえですよね？

「上から、『他人の声を聞かせるのも臨場感があっていいから気にするな、時には怒鳴ってもいい』と言われましたね」

――掛け子を始める前に、何かしらのレクチャーって受けました？

「1日受けましたね、日本語の話し方の講師でした、関西弁を話すおもろいおっちゃんでしたわ」

――休日はありました？

「週2の休みでしたね、日本と一緒で土日が休みやったね」

筆者としてはこの片岡氏に、さらに多くの質問を投げかけるつもりであったが、残念なことに、突然会話は終わってしまった。一方的に電話を切られたのだ。だが、少なくとも、おぼろげながら全容が見えてきたのは確かだ。

・5、6人が1チームとなる「ニセ大阪府警」には見習いが常に2名いる。これは掛け子が帰国した際に戦力としてすぐに補充できるようにするためであろう。
・壁に門答集のマニュアルが貼ってある。
・会話は臨場感を演出するため、掛け子同士の声が通話先に聞こえるような環境で行っている。時折怒鳴るような声も入れ、通話先を萎縮させ、宥《なだ》めすかす。

もちろんこれは、「ニセ大阪府警」のスキームを用いた全てのグループに通用するものではないのだろう。しかし、片岡氏の話が真実であるとすれば、台湾国内にこうした特徴を持ち、大阪府警を名乗ってトクリュウを行うグループがあるということは確かなのだ。

一方、このトクリュウが完全に台湾国内だけで完結しているわけではないことも事実だろう。まず、この件では実際に逮捕された人間の名前を出しながら、被害者がその人物と関わり合いがあった疑いがある、という流れで掛け子のシナリオが進行していく。これは日本の犯罪事情に詳しい人物がいなければ成立しないシナリオである。もちろん、台湾でもネットやNHKの外国向け放送などで、ある程度の事情は把握できるため、台湾国内で完結、あるいは日本に在住している個人の協力者などがいれば不可能ではない。しかし、もう一つの問題として、被害者候補となる人物の名簿はどう入手しているのか、ということについては、台湾国内だけで完結できるものではないだろう。やはり、こうした台湾のトクリュウに、下請けとして関わっている日本の裏社会の組織などが名簿の入手を担当している、と考えるのが現実的だ。いわば、「ニセ大阪府警」によるトクリュウは、日台共同で行われているものだと言えるだろう。

先に出てきた知人の大手新聞社会部記者は、「実際に名簿はいまだに作られているし、古い名簿であればネットに落ちている。電話帳なども古本屋に行けば入手可能の場合もある」と語る。一時期話題をさらった住所アプリは、電話帳をもとに作られていて、かなり前に更新は途絶えているが、その当時に電話帳に掲載していたご高齢の方などは、今もトクリュウの被害者候補として、その情報が売り買いされてしまっている危険性が高くなっているのだ。

以上、トクリュウの現場に関わった3人から、その内情についての話を聞いた。彼らの語る内容から、台湾においてトクリュウが、いかに金を生む犯罪の最前線となっているかがご理解いただけたであろう。こうした犯罪の被害者にならないためにも、我々はその手口についてよく学び、万全の対策をしておくことが必要不可欠である。

日本の裏社会ファンを名乗るクライアントとの接触

前項では、筆者が接触した台湾におけるトクリュウの関係者から、その内情について聞いた。この項では、直接見たトクリュウの現場について語ろうと思う。前述の通り、筆者は2回台湾に渡航し、黒社会の人間に追われる事態となっている。この両方がトクリュウに関わるものであるが、王氏のインタビューを行ったこの最初の渡航においては、はからずも犯罪の片棒を担がされかかることとなった。

そもそも、本来は縁もゆかりもない台湾と筆者が接点を持つこととなったのは、上記の王氏のインタビューでも通訳を果たしてくれた、台湾在住の日本人と知り合ったことがきっかけだった。友人の紹介で知り合ったこの日本人と筆者は妙に気が合ったこともあり、週に1、2日は連絡を取り合うほどに親交を深めていたのだが、彼がある日、面白い話を振ってきたのだ。

「台湾では日本の裏社会の報道があまりありません。その情報を知りたがっている友人がいて、往復の旅費も出すし、報酬は月40万円以上出すので、花田さんに話を聞きたいと言っています。2カ月もレクチャーしてくれれば、台湾も1周できるし、面白くないですか」

要約すればこのような内容であった。興味を惹かれた筆者だったが、この話を受けた当時は、著書を出すための執筆作業を行っていたので、「すぐには無理だが、1、2週間後であれば行くことは可能だ」と、何も裏読みをせずに素直に答えてしまったのである。その後、仕事を片付けた筆者は、この話を受け、羽田から台湾の松山《しょうざん》空港までのチャイナエアラインに搭乗した。後々考えれば、台湾の表玄関として名高い桃園《とうえん》空港まで向かえるLCCの空路の方がお得であったのだが、旅費は向こう持ちで、現地にて精算する約束になっていたので、気に留めずに現地へと向かったのだ。空港に到着した後、件《くだん》の友人に連絡をすると、既にタクシーが手配されており、迅速に目的地へと運ばれた。土地勘のない筆者だったが、恐らく台北の端の方に連れて行かれたのだろうと推測しながら、目的地であるホテルに到着すると、件の友人が待機しており、挨拶を交わした後に、日本のツインルームより少し広い程度の部屋へと通されることとなった。

その後、彼と部屋で雑談をしながら、クライアントである日本の裏社会に興味を持っているという人間の連絡を待つと、30分もしたところで、相手から友人のスマホへとビデオチャットの着信が入った。この時点で、「こちらが出向いているのに、直接顔を出さないのはどうなんだ」と若干怪しむこととなったのだが、台湾特有の鷹揚な気質のために、時間のルーズさや適当さがあるのかも知れない、と思い直し、友人の持っているスマホを通じて初対面の挨拶を済ませた後、依頼についての話へとシフトした。

「日本の裏社会の何を知りたいのか、当然話せないこともあるけれど、そこは理解してほしい」と切り出した筆者に対して、通訳を介して返答したクライアントは、「今日明日はいいですから、台湾の夜市など、ゆっくり観光でもして楽しんでください。後日KTVにでも一緒に行きましょう」と返答。恐らく、この場合のKTVはキャバクラに近い業態の店での接待を意味しているのだろう、と筆者は理解し、その言葉に甘え、九份《きゅうふん》の夜市などの観光を楽しんだ。

翌日、友人は仕事へと向かったため、筆者が一人で行動することになった。博物館などを巡ったものの、目的のない観光はどうしても暇である。そのため、日本にいる友人に現状報告などをしてホテルに帰り、夜は昨晩訪れたのとは別の夜市を回るなどして、どうにか時間をつぶしていたのだが、現地で1カ月使い放題のSIMカードを購入し、様々なニュースを見ていると、どうも犯罪関係のニュースが強く目に留まったのだ。それは日本における特殊詐欺や闇バイト関連のニュースや、フィリピンで起こったルフィ事件の報道、他にもカンボジア、タイ、ベトナムなどで日本人が拘束されたニュースなどである。加えて、筆者が導入しているメッセージアプリのテレグラムにも、トクリュウにおける人員の斡旋役、いわゆるリクルーターを行っている知人から求人情報が絶え間なく流れていたのだ。筆者の仕事柄、こうした情報に触れることは決して珍しくないのにもかかわらず、どうしてこの時ばかり目に留まったのだろうか。今考えてみると、それは何らかの危険察知を促す本能や直感が鳴らしたアラームだったのかも知れない。

その日の夜中、友人から連絡が入り、自分のテレグラムをクライアントに伝えてグループチャットを作成してもいいか、と提案された。ＯＫを出すと、すぐにグループが作成され、そこでの会話が唐突に開始することとなったのだ。友人の通訳を挟みながら、たわいのない会話をしつつも、実際に面会するのは翌日の夕方頃、それまでは自由にしていてもらって構わない、という内容だった。しかし、本来の目的であるはずの日本の裏社会について一向に聞こうとしないなど、腑に落ちない点が多く見られたため、いよいよもって筆者はクライアントへの疑惑を深めることとなったのである。

クライアントが現した本性

結局、この予想は的中することになる。翌日、夕方までの時間をホテルの近くにあったカフェでつぶしていると、いきなりテレグラムでのグループ通話が始まった。そして友人が言いにくそうに、「花田さんの身分証、つまりマイナンバーカードを提出してほしいと言っています」と、クライアントの会話を訳してきたのだ。そこで全てを察した筆者は、「台湾人から勧誘されたことはないが、自分のテレグラムには、毎日のようにトクリュウのリクルーターから誘いが来ているし、今回のあなたのやり口はそれに非常によく似ている。まさかとは思うが、騙してトクリュウの片棒を担がせようとしているのではないか」と、友人の通訳を介し、相手にカマをかけるようにまくしたてた。

すると、クライアントは言い訳を始めたが、実はオンラインカジノのサポートも依頼したいと、ついに本来の目的を明かしてきたのである。多くの国で合法となっているオンラインカジノだが、日本では海外にサーバーがあったとしても、参加すると賭博法違反となる案件だ。トクリュウとは毛色の違うものではあるが、一度こうした仕事に手を染めると、なし崩し的に、トクリュウなど別の犯罪を手伝わされる恐れも当然あるだろう。そう危惧した筆者は、当然の如くこの提案を固辞し、「初めから聞いていれば来なかったのに、時間の無駄だった」と返答した。

するとクライアントであった男は怒りを見せ、友人いわく「これからホテルに行くので待っていろ」と言い出して、一気に剣呑な雰囲気になってしまった。これが日本の裏社会の人間であれば、今後も粘り強く交渉することで話をつけることが可能だ、と筆者は判断したかも知れない。しかし、通訳を介さないと交渉ができない状況では、細かいニュアンスを伝えるのが不可能なため、駆け引きをするのは困難である。その上、あまり土地勘のない、アウェイとも言える台湾にいるという、かなりまずい状況に追い込まれることとなったのだ。

とはいえ、手をこまねいてホテルにい続けるのは悪手であるため、一刻も早くこの場所から脱出しなければならないことだけは確かだった。一人になるとすぐに旅行サイトで近隣の避難先となる宿泊施設について調べると、現在いるホテルの目の前にもホテルがあることが分かった。この施設から、現在いるホテルが見渡せるような部屋を取ることができれば、相手が本当に来るかどうかを注意深く観察することもできるし、数日この周囲を歩き回ったことで、若干の土地勘ができたこともアドバンテージになる。そう考えた筆者は可及的速やかに荷物をまとめ、チェックアウトもすることなく、隣のホテルへと居を移すことにしたのである。残念ながら通訳をしてくれた友人も、相手サイドの人間であると判断せざるを得ないため、彼にも内密にしたままの行動であった。

駆け込んだホテルで予約できた部屋は、元々いたホテルのロビーなどが覗けないような場所であったため、当初の目論見からは離れたものの、筆者は細心の注意を払いながら、そのホテルのロビーで監視を続けることにした。すると、30分もしないうちに、最初のホテルのエントランス前に高級車が停まり、中から出てきた4人の屈強な男たちがホテルに入っていくのを見ることとなったのである。

筆者がホテルを去ったのが分かったのか、友人からは何度も着信が届いていた。「今、どこにいるんですか？　悪いようにしないからホテルに戻ってください」と、哀願とも取れるような口調でこちらに訴えかけるが、屈強な男たちに筆者を襲撃させようとした人物に与《くみ》しているような人間の言うことを聞く必要はないし、ここまで来たら後戻りはできない。「君と会うのはいいけど、会って連れて帰れなかったら恥をかくからやめた方がいいよ」と冷たく電話を切り、難を逃れることに成功した。

2度目の台湾渡航

このような幸運にも間一髪で危険を回避する、という経験をした多くの人は、同じ轍を踏まないようにするものだとは思う。だが、筆者は冒頭で述べた通り、アンダーグラウンドに魅せられた人間である。なんとその8カ月後には2回目となる台湾渡航を果たし、自ら危険に飛び込むように、トクリュウの現場に潜入取材することとなったのだ。

この取材を行おうと思ったきっかけは、トクリュウに関わる年齢層が広がっているという報道を受けてのものだった。元々、20代から30代など、比較的若年層が参加することの多いのが、トクリュウによる犯罪の特徴である。しかし現在は、受け子や出し子など、肉体的な負担の少ないものでは、上にも下にも年齢の幅が広がりつつあるのだ。極端な例を一つ挙げるとすれば、2023年2月8日に、栃木県宇都宮市に在住する84歳の男が、大阪府在住の女性から現金を騙し取るトクリュウ事件の中で、グループの受け子として働いたとして詐欺罪などの容疑で逮捕されている。男は取り調べに対し、ギャンブルで作った借金を返済するため、ＳＮＳで知った闇バイトに加入したと答えているというが、後期高齢者すらもＳＮＳを通じて、トクリュウの一員になりえるのが今の世の中ということなのだろう。

もちろん、高齢者がトクリュウに加担するケースも十分に悲惨であると言えるが、筆者がより問題視しているのは、10代の少年少女がこうしたトクリュウで犯罪に関わることが増えているという点だ。２０２４年10月27日にＮＨＫが公式サイト内で公開した「ＮＨＫ熊本ＷＥＢ特集　クマガジン」コーナー内の「特殊詐欺〝受け子〟の少年は、少年院から何を語ったか　受け子の少年が語る、詐欺グループの実態と今の後悔」という記事では、受け子を行い、逮捕された17歳の少年Ａを記者がインタビューした内容が記載されている。その一部を引用しよう。

記者　どういうきっかけで受け子に？

少年Ａ　当時働いていた職場の先輩からの紹介でした。１日で軽く10万円とか20万円とか、大金が稼げると言われました。遊ぶお金が欲しかったし、仕事で

稼げる額とは違うので、乗っかってしまいました

その後、少年はテレグラムという秘匿性の高いアプリで、会ったこともない「指示役」と連絡を取ることに。

すると、指定された場所に行くよう連絡があったという。

少年A　どういうことをするかは、何も知らされていませんでした。スーツを着ていくように言われて現場について、『指示された場所で現金をおばあちゃんから受け取ってこい』とだけ言われました

記者　どんな流れだった？

少年A　指示役と通話をつないだままおばあちゃんの家に行って、偽の名前を名乗って、ケータイをおばあちゃんに渡しました。そうしたら指示役が電話でおばあちゃんとやりとりをしたみたいで、その後自分にお金を渡しました。300万円もありました

記者　受け取った後は？

少年Ａ　受け取ったら、また指示された場所にお金を置くだけでした。簡単で、当時、悪いことをしている感覚があまりありませんでした

トクリュウに関わった当初はこのように罪悪感を抱かずに受け子を行い、20回の犯行で1300万円ほどの詐取に関わったというこの少年Aだが、逮捕された後には、「自分がしたことは、一生消えるものじゃないと思っています。被害者はもちろん、自分の家族にも迷惑をかけたなって」と深く反省し、少年院での生活を送っているという。

また、同記事内では、同じく受け子を行っていた少年Bにも取材を行っている。こちらは、何をやらされるか知らないままに犯行に加担してしまい、トクリュウから離脱しようとするも、脅されて抜けることができないまま、犯罪を繰り返すこととなった人物だ。こちらも記者とのやり取りを引用しよう。

記者　抜け出そうとは思わなかった？

少年B　思いました。最初の犯行の次の日にはもう抜け出そうって。でもやっぱり抜け出せなかった

記者　それはどうして？

少年B　受け子をする前に、自分の身分証とか、家族の住所とか。そういうのを求められて全部送ってしまっていたんです。『仕事に必要だから』と言われて。なので、抜け出そうにも、仕事を拒否したら何かされるんじゃないかって常に恐怖で抜けだせませんでした

同じ詐欺グループには、さらにひどい扱いを受ける別の受け子の少年がいたという。

その子は、自分よりさらにすごい脅され方をして詐欺に行かされていました。行った後も報酬はゼロでした。

しかも、逆に『お前はミスしたから逆にお金を払え、どんな稼ぎ方をして

でも払え』とか、そんな風に脅されていました。指示役は、捕まったら次の人間を使えばいいって思っているんだと思います。受け子は、使い捨てでした

この少年Bは、記者に対して、「自分も詐欺グループの一員として犯行に関わったことには間違いないです。脅されていたとか、そういうことは理由にならないし、他人に責任を押しつけてはいけないと思っています。今は犯したことへの責任に対し、一日一日、常に目をそらさずに過ごしているつもりです」とも語り、少年院で反省の日々を送っているそうだ。また、同年代の少年に対しても、「まっとうな生き方をしたほうが絶対にいい」「もう自分は手遅れかもしれないですけど、これを見ている同じ世代の人には、脅されたりしても、周りの人にもっと相談してほしい」と、自分のようにならないよう、呼びかけている。

警察は犯罪者であれば、高齢者だろうが少年だろうが容赦なく取り締まる。決して見逃されることはない。この本を読んでいる人には、ぜひそのことを強く心に刻み、罪を

犯さないように気を付けてもらいたいものである。また、一度罪を犯してしまったとしても、再び同じような罪を犯し、累犯となってしまうと、より重い刑罰が科されて、社会復帰はさらに遠のいてしまうのだ。

テレビの情報番組などでは、これらのトクリュウによる犯罪について問題視する声こそコメンテーター諸氏から聞こえてくるものの、「どうしたらトクリュウの誘いを断れるか」「累犯にならないためにはどうしたらいいか」という本質の部分を考察する声は残念ながら少ないように個人的には思える。公器たるテレビでこそ、この部分にフォーカスした問題提起をきちんと行うべきではないか、と思うのだが、求め過ぎなのだろうか？

話は脱線したが、こうしたトクリュウの現状を、この身をもって体験するべきだと思った筆者は、ある意味では本場とも言える海外でのトクリュウの現場に潜入することにしたのだ。その際、潜入先とする候補として、ミャンマーやベトナム、カンボジア、フィリピン、そして台湾などの国をリストアップした。

なお、韓国はその候補から除外している。「日本から一番近い国なのになぜ？」と疑問に思われる方もいるだろうが、それには大きい理由が2つあった。まず、筆者は韓国でトクリュウなどの犯罪を大規模に行っているグループに伝手《つて》がなかったということだ。こちらは、尽力すれば開拓できるルートもあったのかも知れない。しかし、もう1つの理由が、そのような努力を行うことを躊躇《ためら》わせることとなった。それが、2002年に日韓両国間で締結された〝日・韓犯罪人引渡条約〟の存在である。日本は韓国のほか、アメリカとこの条約を締結している。令和元年版犯罪白書から一部抜粋しよう。

2　逃亡犯罪人の引渡し

我が国は、逃亡犯罪人引渡条約を締結していない外国との間で、逃亡犯罪人引渡法（昭和28年法律第68号）に基づき、相互主義の保証の下で、逃亡犯罪人の引渡しの請求に応ずることができるとともに、その国の法令が許す限り、逃亡犯罪人の引渡しを受けることもできる。これに加えて、逃亡犯罪人引渡条約を締結することで、締約国間では、一定の要件の下に逃亡犯罪人の引渡しを相互に義務付けることになるほか、我が国の逃亡犯罪人引渡法で原則として禁止されている自国民の引渡しを被要請国の裁量により行うことを認めることにより、締約国との間の国際協力の強化を図ることができる。我が国は、アメリカ合衆国（昭和55年（1980年）発効）及び大韓民国（平成14年（2002年）発効）との間で、逃亡犯罪人引渡条約を締結している。

逃亡犯罪人の引渡請求については、条約の有無にかかわらず、外務省を経由して引渡請求が相手国に伝えられる。また、我が国が引渡条約を締結していない外国に対し逃亡犯罪人の引渡しを求める場合、その要件・手続は、相手国の国内法令に従うこととなる。なお、我が国から外国に逃亡犯罪人の引渡しを要請する場合、検察庁が依頼する場合と警察等が依頼する場合とがある

もちろん、取材とはいえ、トクリュウの犯罪に加担する気はまったくない。とはいえ、不測の事態で、はからずも何かしらの犯罪に巻き込まれてしまう可能性はもちろんゼロではないのだ。そのため、有事の際にこの引渡条約があることにより、大きな不利益を得てしまう可能性があったため、韓国は候補に入れられなかったという次第である。

結局、かつてその現場の話を王氏から聞いたことがあるのに加え、危機を脱した経験もあることから、筆者は台湾を選んだ。また、1回目の渡航の際に、王氏のインタビュー通訳を務めてくれ、1回目の渡航で筆者にトクリュウの片棒を担がせようとした悪友とも、いまだに連絡を取り続ける間柄である（我ながら、奇妙な関係性だとは思う）。こうした人の繋がりがあることからも、筆者は2度目の渡航となる台湾で、トクリュウの現場を潜入取材することを決意したのである。

さっそく、現地のリクルーターが募集している案件に応募すると、相手はテレグラムを用いたチャット上での会話を要求してきた。筆者はこの時点で、相手にあまりセキュリティ意識がないのではないかと思ってしまった。

日本でもテレグラムは、一定時間で消えるシークレットチャットなどが存在し、電話番号を必要とせずに登録できることから、薬物の取引をはじめとした犯罪には多く使われている。それ以前はGoogleメールの下書きを共有するなどの方法が取られていたものの、テレグラムの普及により、一気に通信アプリによる犯罪は増えたと言える。とはいえ、デフォルトでエンドツーエンド暗号化等のセキュリティが施されていない点などから、専門家による批判を受け続けており、現在ではシグナルやウィッカー、Wireといった、他のアプリを使うことが多くなりつつある。また、秘匿性を重要視する犯罪グループでは、一般には公開されないオリジナルの通信アプリを開発し、それを使って悪事を働くケースもいくつか見受けられているのが現状だ。

ただ、通話に関してはその盗聴や再現を行うことはかなり難易度が高いものとなっている一方で、チャットなどの文字に関しては復元することが容易となっていることが多いため、秘匿性の高い方法でのやり取りを行う場合には、この点に注意が必要であろう。

そんなセキュリティに対する懸念を抱えつつも、筆者とリクルーターの間で交渉が始まった。この中で、リクルーターはいくつかの条件を提示。それを筆者が了承すれば、相手側のボスか代理人と面接という手筈に落ち着いた。およそ10分でこのリクルーターとのチャットが終わり、待機していると、筆者は無事〝面接〟に合格したようで、30分後にビデオチャットで再び交渉を行うこととなった。

筆者は、1回目の渡航で騙し討ちを受けたクライアントと同様に、顔をさらけ出したり、身分証などを提示したりするのだろうか、と危惧し、その対策を考えていたのだが、実際に行ったビデオチャットでの交渉では、意外なことに、そのような指示はなかった。かわりに「なぜこの仕事を知ったのか？」と質問されたため、仕事を選んだ要因として、「借金で毎月追われているので一括返済したい」と返答。パスポートには前回台湾に渡航したことが記録されているので、もし見られた際に怪しまれないよう「以前台湾に遊びに来たことがあるのだが、楽しかったのでまた行きたい」、と咄嗟に思い付いた嘘を並べることとなった。幸運にも、相手方はそれを信じたようで「今後の日程についてはは指示するので、リクルーターと話をしてほしい」とこちらに告げ、ビデオチャットは終わった。話の途中では、こちらの台湾における人間関係がどの程度あるのかという点もやたらと聞かれたが、向こうとしては、万が一こちらが逃走を企てた場合のことを考えた質問だったのであろう。

その後、再びリクルーターと話し、仕事となるトクリュウの報酬や諸条件について聞いた。

「初めの３カ月の取り分は３％で、２回目以降は４％、５％と上がっていきます。既に

10回以上も台湾に来ている人間もいます。逮捕されるリスクはまったくない。日本や台湾の警察、そして議員に手を打っていますからね。旅費は無料で、チケットはこちらで取り、eチケットで『テレグラム』に流します。期間は3カ月で、電話は週に1回だけ家族と話せますが、友人とは話せません。部屋は相部屋ですが、2、3人で1部屋です。原則的に外出禁止ですが、急病などどうしようもない事態になれば病院などの手配はします」

諸条件はかなり具体的だが、逮捕されるリスクがまったくない、という部分に関しては、素人はともかく、筆者のような人間にとっては聞き飽きた嘘だとすぐに分かった。また、外出は禁止である点は、それはそうだろうと思ったし、病気になった場合に病院が手配されるという点についても、彼らの知っている病院に連れて行ってくれるというのは好都合だ。最悪の場合を想定すると、その病院で放置される可能性も考えたが、おかげで病院が指定されるタイプの旅行保険に加入せずに済み、余計な出費を抑えることができたのである。

当初は9月末に出発する予定であったこの潜入取材だが、台湾に大型台風が直撃するなどのハプニングが重なり、何度か日程が変更されたものの、出発日は突然訪れた。10月6日の深夜にトクリュウサイドからテレグラムで連絡があり、翌々日の朝一番のジェットスターで台湾に来てほしいと言われたのだ。筆者はこの取材の準備として他の仕事を進め、一段落していたので対応ができたが、一般的な仕事をしている場合には、こうした対応はかなり難しいため、自由業、あるいは無職などでなければ、こうした外国のトクリュウに関わるのは不可能に近いのではないだろうか。

筆者は日程の遅れや、準備期間の少ない状況でいきなりスケジュールを指定されたことについて、リクルーターにそれとなく苦情を入れてみたが、返ってきたのは「何人か同じ飛行機で行くので調整が難しかった」というそっけない返事だった。この時初めて自分以外の日本人も、筆者と同じ案件でトクリュウに関わるべく台湾へ向かうことを知り驚いたが、こうしたトクリュウはまず現地で、作業場所となるハコ作りを行い、続いてメンバーの泊まる宿舎を用意する、というのが一般的な手筈となっている。それを考えると、関わる人間をまとめて運んだ方が、飛行機のチケットや、アパートなどの契約も格安になるため、もろもろ効率がいいのだろう。

台湾トクリュウの現場への潜入

かくして、10月8日から90日後の1月初旬まで、台湾にて軟禁状態でトクリュウをやらされるという案件に筆者は関わることとなった。指定された飛行機で台湾の桃園空港に着いたのは、1時間の時差を入れて昼過ぎだったと記憶している。到着後、空港のWi-Fiを使い、着いたことをテレグラムで報告すると、続いて新幹線に乗って台中の駅に集合するように中国語でボスが指示を出し、リクルーターがそれを翻訳して伝えてきた。

筆者はまず、空港の横にある携帯電話のショップに入り、2カ月使い放題のe-SIMカードを入手した。当然長期の方が格安だが、携帯電話などを取り上げられた場合、捨てて金になることを考慮し、短期の契約をしたのだ。この契約をしたe-SIMがのちに、色々な言い訳をする道具になったので、人生分からないものである。

筆者は新幹線で台中に向かえという指示を無視して、高速バスで現地に向かうことにした。これはやはり直感による行動だったが、またしてもこれが吉と出る。リクルーターやトクリュウのグループチャットからは新幹線に乗るよう矢の催促が来るが、空港で買ったe-SIMがあまりにも精度が悪く、電波を拾わないのだ。

筆者の乗った高速バスにはWi-Fiが付いていたが、あえてWi-Fiをオフにしていた。これには理由があり、バスが満席に近かったのでWi-Fiに接続するよりも、e-SIMの方が速いのではという判断だったのだが、これものちに考えると正解だったというわけである。高速バスに乗っている最中も、リクルーターを含む相手から頻繁に携帯にテレグラムで着信が入るが、出たくても電波状態が悪く電話に出ることが不可能で、チャットも途中で途切れてしまう有様だった。相手がイラついているのがこうした連絡の端々から伝わってくるが、駅や車内でWi-Fiが利用できる新幹線で向かうのと異なり、自由な時間を手に入れることができたのである。

そのようなことを繰り返して、筆者は台中に着いた旨を報告した。すると、相手からは「他の人間を迎えに行っているので待っていてほしい」と連絡が来た。この日だけでも、相当人数の掛け子担当が台中に入っているのかも知れない。

そんなことを考えながら30分待ったが、連絡は一向に来なかった。しびれを切らした筆者は「もういい。日本に帰る」と、急《せ》かすようなチャットを入れたのだが、すると数秒のうちに「住所を送るので、そこまでタクシーで来てほしい。タクシー代は着いたら渡す」と相手から返信が行われた。その後、住所と目印のコンビニの写真を送ってきたので、タクシーを拾い、もらった住所を見せながら目的地に向かうことになったのだが、ここでもe-SIMの電波状態が悪く、スマホの翻訳機能を使えなかったため、タクシーの運転手とのコミュニケーションを取るのに往生してしまった。

狭い台湾と言ってもタクシーで移動してみると、土地勘がないことも相まって、かなりの距離を走ったような気分になった。台中の街中を抜け、田舎道を入っていくと目的地に到着。どうやらそれなりの距離があったのは筆者の感覚だけではなく事実だったようで、結構な金額を払い、近くのコンビニのWi-Fiを拾って着いた旨を伝えると、すぐに迎えの人間がやってきた。

この迎えの人間は、好みだと思われるブランド品に身を包み、高そうなTシャツの袖や襟首から、入れ墨が顔を出しているようなラフな格好をした若者だった。トクリュウを行う街頭には、こうした手合いが多いのだろうか。挨拶を交わした後、彼は筆者の荷物を持ち、歩き始めた。宿舎へと向かいながら、「到着の連絡を入れてからすぐに来た、ということはかなり近くにあるのだろう」と当たりを付けつつ、道すがらに点在する防犯カメラの数を確認。後の逃走時に、映らずに済む死角などを探して歩いたが、思った以上に近く、コンビニから2、3分の場所であった。「これなら大通りまで逃げればタクシーを拾えるな」と、逃走時のシミュレートを脳内で繰り返しつつ、宿舎の中へと向かうことになったのである。

さっそく宿舎に入ると、タコ部屋的なものを想像していた予想とは異なり、こぎれいな内装のものだった。連れてきた男は、「仕事以外はずっとこの場所で待機していてほしい」と、スマホの翻訳機能を使って指示してきたが、揉め事をこの時点で起こすつもりはなかった筆者は了承した。調べてみると、どうやらここは民泊のようで、他にも何人か居住者がいるようだったが、この時点では全員不在であったため、〝同業者〟なのかどうかは不明のままとなってしまった。

宿舎に着いた際、「パスポートを出してほしい」と要求されたが、「荷物の下にあるので待ってほしい。タバコを吸いたい」と、話題を変えてこの場ではぐらかすと「室内は禁煙なので、外で吸ってほしい、出入口の暗証番号は教える」と向こうは返答。はからずも、接触後すぐに脱出をする重要な糸口を掴むこととなったのである。

なお筆者はマイナンバーカードや、保険証などの身分を証明できるものに関しては、今回の取材に持ち込まず、家に置いてきた。クレジットカードも最小限に抑えて逃走用に使う1枚だけである。これらを取り上げられてしまった場合、後々再発行の手続きを取ることや、カード会社に連絡するのが面倒であることや、何よりもパスポート以上の情報を与えたくないというのが一番の理由だ。

そして、実際にトクリュウに関わり、ミイラ取りがミイラになってしまう事態は絶対に避けたかった筆者は、向こうから仕事を持ち込まれる前に脱出をすることを考えていた。見たところ、部屋と玄関には厳重なナンバーロックが施されていたため、そこの突破をどうするか考えていたのだが、上記のタバコに関連して、早くも突破口を見出したのである。筆者は、見張りがいる間にこれ見よがしにタバコを吸いに外に出ることで、

〝度々タバコを吸いに外に出る人間〟であるということを印象付けた。その結果、最終的には近くのコンビニまでタバコを買いに行くことを許されるまでの信頼関係を勝ち得たのだ。

この宿舎で2日過ごすこととなったのだが、筆者はその間、見張りの人間とポーカーなどをして遊びながら、より信頼されるように腐心した。そのため、最終的にコンビニのみならず一人での散策を許されるようになり、近くで行われている夜市や、カフェなどを訪れて楽しんでいた。

トクリュウの現場で出会った19歳の日本人

しかし、ついにその時はやってくる。2日目、見張りの人間から「明日から仕事だから、そのつもりでいてください」と言われたので、逃げることを決心しつつ、最後に取材を行おうと「仕事場を見せてほしい」と、ダメ元で見張りに聞いた。上記の通り、既に仲の良くなっていた見張りは「ボスに聞いてみます」と、安請け合いをしてくれた結果、なんとその日の夕方に現地を見学できることになったのだ。

「３カ月前から仕事をしている人たちがいるので邪魔をしないでください」と含められ、連れ出されたその場所は宿舎から車で10分ぐらいの雑居ビルだった。外には仲間らしき数人がたむろしている様子が見えた。

エレベーターで９階に上がり、いかにもセキュリティの高そうな部屋に入ると、そこには10代と思われる若者から、60～70代と思われる高齢者まで、年齢層がバラバラの男４人がスマホを片手に１台ずつ握り、皆どこかに電話をかけている。彼らが座るデスクの前に設置されているパソコンにはエクセルで作られたと思われるデータが映されていたが、こちらが被害者候補となる人物たちの名簿なのだろう。耳を済ますと「宮崎県警の捜査二課の○○です。○○さんの電話で間違えはないでしょうか」など、トクリュウの定番になっている言葉が聞こえてくる。

筆者はその後、トクリュウのアジトを数分見て回り、人目を避けて上記の４人のうち、一番若そうな男に話しかけた。年齢を聞くと、相手は怪訝《けげん》そうに筆者を見ながら「19歳」と、ぶっきらぼうに答え、「ああ、ここでも10代の若者が犯罪に手を染めているのか……」と暗澹たる気持ちを抱くことになったのである。相手を引き止め、長く会話をする時間もなかったので、この場で彼との交流は終わってしまったが、この若者がもし望むのであれば、助け出してあげたいという気持ちが湧いてしまったのが正直なところだ。とはいえ、筆者の目から見た彼は、嫌がる素振りをまったく見せずにトクリュウに励んでいる。逆に、筆者のこうした気持ちは彼にとって迷惑に思われるかも知れないな、と急に気持ちが冷めてしまった。

今後、彼が自分の意志であろうと、そうでなかろうと、トクリュウを続ける以上、遠くない未来に待っているのは逮捕という現実である。トクリュウで逮捕された場合、殆どのケースで彼らのような18～19歳の特定少年は少年院または刑務所に送られ、1年以上の自由を奪われることとなる。人生で最も楽しいであろう時期を棒に振ることとなるのだ。こういった意味で考えると、若者がこの犯罪に手を染めることは、実はかなり割に合わない選択肢だと言えるだろう。

筆者が見てきたプロの犯罪者たちは、〝1億円手に入れられるのであれば、10年収監されることになっても、年収は1000万。真っ当な職業で社会にいてもそこまでは稼げないので、リスクを払う価値がある〟と、倫理観の是非はともかく、シビアに天秤にかけて罪を犯すという感覚を持っている者が多い。

この若者をはじめとして、トクリュウのメンバーの中でも、使い捨てとなってしまう掛け子や受け子、出し子などの末端要員は、こうした観点からも、そもそも割に合わない犯罪であることは明白だ。

その手に手錠がかけられた時、恐らく彼は後悔することになるだろう。逮捕された時、後悔をしない人間はいない。違うのは、後悔をした際に、真面目に更生しようとするか、あるいは〝どうすれば捕まらなかったのか〟と考え、再び悪事に手を染めてしまうかである。彼が前者であることを筆者は祈ってやまないし、これからトクリュウに加わろうと考えている人々に対しては、罪を犯さない勇気、断る勇気の大切さについて声を大にして主張したいと思っている。

台湾トクリュウの現場からの逃走劇

そんな若者の未来に思いを馳せながらその場を後にした筆者だったが、自身も犯罪に手を染めてしまっては本末転倒である。トクリュウに手を染めざるを得なくなる明日というタイムリミットの前に、いかにしてこの場から脱出するかを考え、実行に移すべく準備を始めることとなった。

すると、望外にもその機会はかなり早く訪れたのである。見張りの人間が「事務所に30分くらい出かけるから」と、留守番を頼まれたのだ。留守番と言っても中国語も話せない筆者ができることは何なのだろうか、と思わず苦笑してしまったが、まさにこのタイミングこそ逃亡のチャンスである。宿舎を変える可能性がある、と事前に伝えられていた筆者は、ある程度荷物をまとめていたので、パッキングの作業には殆ど時間を費やされることはなく、往復の飛行機代、宿代相当の額をその場に置き、この場から去ることにした。

さもタバコを吸うような素振りで、荷物を持ち出しながら建物を出ると、ここに着いた際、把握しておいた防犯カメラの位置を避けながら、大通りまで出て、タクシーを拾った。筆者が確認した以外の監視カメラに写ってしまっていることを考え、念のためタクシーの運転手に台中警察署へと行くよう伝え、大脱出を開始したのである。警察署の前という黒社会の人間が最も手を出しにくい場所でタクシーを乗り換え、目的地のホテルに行くのが一番安全だろうと考えていたのだ。

この時点ではまだホテルの目星は付けておらず、台中警察署の近くにあるコンビニでWi-Fiを拾い、そこで選ぶことに決めた。到着後に旅行サイトでホテルを調べると、様々なホテルが見つかったが、筆者はあえてその中から、逃げ出した宿舎に比較的近い場所にあるホテルを予約した。恐らく逃亡に気付いた組織は、逃亡者心理でより遠くに逃げるだろう、という判断でホテルを探し回るだろうと予測し、その逆を突いたのだ。

逃亡後、ひっきりなしにテレグラムにメッセージや着信が届いていたが、無視をしていると、最終的にはグループチャットにボスが登場した。詳細な会話内容は既に消えてしまっているが、要約すると「今回の仕事は台中の4つのグループが共同で行っている。今戻ってくるなら許すが、逃げられると思うな。必ず捕まえて後悔させてやる」といった内容の強い脅しだった。

筆者はそれに対し、「台湾の黒社会は、ケジメとして腕や手首を切り落とすと聞いている。私にもそうする気なのか」と尋ねると、スクリーンショットを撮られて脅迫のネタになってしまうのを恐れたのか、その会話はすぐに消去された。かわりに、仲良くなった見張りの人間がチャットで「迎えに行くので場所を指定してほしい」と、懐柔してきたので、筆者は「台中警察署の前で」と答えたのであった。

上述の通り、筆者は実際に台中警察署の前にいたので、それを正直に伝えただけであり、煽《あお》ったつもりは毛頭なかった。しかし、相手はそう捉えなかったようで、「必ず捕まえる」との言葉を残してチャットは中断した。

夜市やカフェを楽しむ逃亡生活

その後、予約をしたホテルにタクシーで移動すると、先程まで滞在していた宿舎の前に高級車が何台も停まっているのを目撃し、否が応でも緊張感の高まりを感じた。通り過ぎた後には、落ち着いて周囲を見渡す余裕も出てきて、「あ、ここのカフェでコーヒーを飲もう」「ここの小籠包はウマそうだ」など、今考えると完全に相手を舐め切ったことばかり考えていた記憶がある。

ホテルに到着後、Wi-Fiを繋げると、テレグラムでチャットが数十通溜まっていた。当初は5人が加入していたグループチャットだったが、新たに10人以上が加わり、会話に参加しているのだ。Googleの翻訳アプリを使って内容を確認してみると、筆者の風体やパスポート写真が共有され、血眼《ちまなこ》で周囲を捜索している様子が窺える。しかし、全ての人間がやはり宿舎から離れた場所、ホテルの密集地、繁華街などを捜索しているようで、筆者が隠れている元の宿舎から近いエリアは探索をしていないようだった。筆者の裏をかく狙いは大成功だったと言えよう。

筆者は、日本で状況を報告している数人に連絡を取った後、明るいうちに出歩くリスクを考え、暗くなったら街を散策しようと予定を立て、一日昼寝をすることにした。宿舎では熟睡できずにいたため、思ったより寝込んでしまい、起きたら22時過ぎ、現地時間では21時となっていた。

小腹が空いたので〝夜市〟を検索したら、先日訪れた夜市とはまた別の場所で、台中で一番大きい夜市が今いるホテルから数分の場所にあることが分かった。つまり宿舎からも数分の場所である。とはいえ、常識で考えれば、逃亡している筆者が宿舎からほど近い夜市で呑気に食事を楽しんでいる、などとは向こうも思わないのではないか。そんな気持ちと、危険だから行くのは断念するべきだという気持ちがせめぎ合った結果、夜市へと向かう準備を始めてしまったのだ。

決して今逃げている組織を馬鹿にするわけではない、という気持ちはもちろんあり、後ろめたさからテレグラムで謝罪している絵文字をチャットに送り、ホテルから外に出た。数秒で20通くらいの返信が来たようだったが、空腹で余裕のない筆者は、それらを確認することなく、あとでまとめて返事することに決め、周囲を気にしながら夜市へと向かったのである。ホテルの外はコンビニなど、比較的多くのfree Wi-Fiスポットが存在しており、まったく役に立たないe-SIMを使っていても色々検索がしやすい。美味しい小籠包や、地元の人がおすすめする台中の名物料理などを検索して、時間の許す限り食べ歩きをしたが、幸運にも組織の人間に見つかることはなかった。

時間が遅いので、食べ歩きは途中でやめて人通りのあるうちにホテルに帰った。万が一に備えて、ホテルには裏口があるのをチェックインの際に確認している。この逃げ場所が2カ所あるというのは、こうした状況では心強い。ただ、予約の際には分からなかったが、入り口が通りから外れた小路にあるのは計算外だった。人目が少なく、誰かを攫うには絶好のポジションである。そのため、電話をしているふりをしながら、周囲を必要以上に警戒してホテルの中へと入ることとなった。

ホテルのセキュリティは万全のように思えたが、筆者が逃亡している組織と繋がっている恐れもゼロではない。そのため、昼間は外出し、夜は遅めに帰るような普通の観光客を装った。組織は恐らく、こちらは金がないからトクリュウに応募するような人種であると考え、ゲストハウスを中心に探しているはずである。バックパッカーが多い台湾では、ゲストハウスの数も多く、組織がある程度の人数だったとしても、一つ一つ当たるのは時間的に不可能であろう。とすれば、脱出先である空港に近いゲストハウスからつぶしていくはず――。そう考えながら、このホテルで息を潜めることとなったのである。

台北の友人と密会

幸運だったのは、行き先を台湾に決めた理由で話した通り、筆者にはこの地で有事を迎えた時、頼れる友人がいたということだ。歌舞伎町の人間で現在は、台湾と日本の組織の役付きになっている人間である。繋がらないことを危惧しながら、相手にＬＩＮＥ

のチャットを飛ばすと、運がよく繋がり、会話をすることができた。久しぶりに話すというのもあり盛り上がったのだが、友人に現状を正直に話すと、向こうが会ってくれることになったため、その人間が住む台北に新幹線で向かった。台湾の新幹線は、日本製の車両を使っており、ついつい懐かしさを感じてしまったものの、この時の筆者にそんな感傷に浸り続けるほどの余裕はなく、追手に見つからないか気を揉む時間が続いた。幸運にも、相手が指定するホテルに、指定された時間の30分前には無事に到着。周りを観察しながら、エントランスを眺めることができ、背後には何もないソファ席へと座り、友人の到着を待ったのである。

これは裏社会に関わる人間の鉄則だが、初対面の人間と会ったり交渉を行ったりする際は必ず、指定された時間よりも前に到着し、相手が何人で来るか確認する必要がある。場合によっては、相手が騙し討ちをするために、配下の人間を手配している場合もあるので、座る席も背後に死角ができるような場所は厳禁だ。奇襲を避けるためにも必ず後ろに何もない場所に席を取らなくてはならない。

20分くらい待っただろうか、友人は配下と思われる人間を5人連れて目の前に現れた。

友人同士の会話としては些《いささ》か不釣り合いな人数に、「もしかすると、今逃げている組織と彼は繋がりがあったのかも知れない。攫われる可能性もあるな」と、最悪の事態も覚悟したが、友人は手を差し出して握手を求めてきた。懸念が杞憂であったことが分かって安堵し、筆者は握手を交わした後に彼と会話を楽しむことにしたのである。

友人に今回台湾で起こした騒動の内容を告げると、相手は笑いながら「今からトクリュウに参加する街頭は大した力を持っていないから大丈夫だ。我々がその組織に話をつけてあげようか？」との提案を受けたが、そこは頑なに断ることにした。メディアの片隅にいる以上、裏社会や黒社会の手を借りるわけにはいかない。ましてや、こちらから「金は払わないけどやってくれ」とは言えない以上、助力を頼んだ場合は必ず金銭が発生してしまうことになる。そうした筆者の思いを察したのか、友人は「困ったことがあったら遠慮しないで言ってほしい」と、言葉を残してホテルを去った。

向こうからの提案を断ったとはいえ、現地にこうした友人がいるのは心強いものである。久しぶりの再会を終えた筆者は、ホテルを取っている台中に戻ることにした。筆者を追っているであろう組織も、まさか台北から台中へ向かう交通機関をチェックするはずはないだろうとは思ったが、急ぐ旅でもないので新幹線ではなく高速バスを使おうと思い、台中までのチケットを購入。30分に1本くらいの割合で運行しているバスを待った。この台中への帰路の間、追手に見つかってしまった場合の対処法を脳裏でシミュレーションをし続けていたところ、時間が嘘のように早く過ぎていった。

組織との交渉

やはり問題なく台中に戻ることができた筆者は、軽く食事をした後ホテルに戻ったのだが、そこでタイミングよくテレグラムの着信があった。相手側の通訳からのもので、「1時間後にLINEでグループチャットをするので、そのグループに来てほしい。そこで今回の件について最終的な結論を出すための話し合いをしたい」という提案であったので、可能であれば穏便に解決したいということもあり了承した。

約束の1時間後に、通訳が取りなす形でLINEグループチャットでのビデオ通話が始まった。組織側は威圧するつもりだったのであろうか、豪華な応接室のソファにそれぞれのグループのボスと思われる人間が4人深く腰掛け、後ろには配下と思われる人間が20人以上立つという物騒な陣容を披露しつつ、カメラ越しにこちらを睨んでいた。これが一般人であればかなりのプレッシャーを感じただろうが、あいにく筆者はこのような場面に何度か遭遇した経験がある。そのため、雰囲気に呑まれることなく、相手との交渉に臨むこととなった。

筆者はまず、「話が違う部分などが多すぎて、信用ができない」と、今回逃亡した理由について説明をしたが、最初は向こうも気が立っていたのか「こっちに来い」の一点張りであった。そのたびに「行く必要がない」と答えた筆者との押し問答がしばらく続くこととなったが、向こうもしびれを切らしたのか、それまでに一言も発していなかった人間が「最終的な解決方法を考えよう」と、提案をしてきたのだ。

筆者はその言葉に応じ、「飛行機代や宿泊代などの金は置いていった。この場で双方謝罪することで終わりにしよう」と提案したように記憶している。しかし、それに対して相手側は「経費もかかっているし、人も動かした。メンツも丸つぶれとなっているし、あれだけの金で終わりにすることはできない」と、やはり話は平行線をたどることとなってしまったのである。

そんな中、具体的な妥協案として向こうから提案されたのは、クレジットカード詐欺の片棒を担ぐことで終わりにしようというものだった。

「あなたはカードの紛失届を出して、決済は保険会社がする。こっちはそのカードを使って買い物や換金性の高いモノを買う、誰も損しなくていいでしょう」

こう犯罪行為を持ち掛けてくる相手に対して、平行線をたどり続ける交渉に嫌気が差していた筆者は、それでもいいか、と少し揺らぎかけたが、すぐに冷静になり、その提案を拒否した。台北で会った友人の提案を断ったのと同じく、取材として訪れている以上、そこで犯罪行為に加担するということはどうしても避けたい、というジャーナリストの端くれとしての矜持《きょうじ》が、どうしても首を縦に振らせなかったのである。

交渉を続けていくうちに気になりだしたのは、「どうしてたかが一人の離脱にここまでこだわるんだろう？」ということだった。確かに筆者を台湾に呼ぶ際にはそれなりの費用がかかっただろう。とはいえ、相手はこれからトクリュウで、何千万、何億といった稼ぎを狙っている組織である。向こうの言い分としては、「我々4グループが飛行機代をはじめ、ホテルや宿舎、備品などを用意している。あなた一人にも換算すれば100万以上の投資をしているはずだ。その弁償を我々全員にしてほしい、当たり前の話だろう」と、もっともらしく伝えて来るが、その話を鵜呑みにするほど、こちらも素人ではない。そのうち「腕を千切る」「手首を切る」など、脅し文句も混じりだしたが、こうした言葉に絶対に屈したくない筆者は、話が堂々巡りになって進展もなかったことから、一方的にLINEを切ることにした。

リクルーターから要求された100万円

すると、20〜30分後にリクルーターからテレグラムの着信が入り、「100万円で話がついたので、100万円を払ってほしい」と再び提案された。払う気もない、ということを再びはっきりと伝えると、リクルーターは「僕が殺されちゃいます」と、泣き言を言い始めたが、元々他人で面識もない人間の生死よりも、こちらの安全である。予約したフライトは2日後。明日をどう逃げ切り、明後日に台湾をうまく脱出できるか、しか正直頭になかった。

とはいえ、交渉が失敗に終わった以上、向こうも本気で探し出して来るだろうという危惧はあった。果たして、今いるホテルで大丈夫なのだろうか、などの様々な考えが脳裏をよぎったが、再び直感を信じてホテルを変えずに、普段通りの行動をすることに決めたのである。朝起きて、隣にあるカフェでコーヒーと軽食を頼み、その後に市内の散策。人口密度が高く、多数の観光客のいるようなこの付近で、万が一にも追手に見つかってしまった場合、それもまた運命だろうと開き直り、観光を続けたのである。

その間、仲介役であるリクルーターからは、しつこいぐらいにＬＩＮＥやテレグラムの着信が入るが、ここでもe-SIMの電波状態が相変わらず悪く、まともに通信できる環境にないのが好都合となった。Wi-Fiの飛んでいるコンビニなどの前で、電波状況が悪く反応ができない、という旨を伝えて、電源をオフにし、無視をすることにしたのだ。

事態が再び変化したのは、その日の夜のことである。ホテルに戻り、翌日の予定を考えていた時に、再びリクルーターからテレグラムの着信があった。

「僕の独断ですが、100万円で話をつけました。先に肩代わりして払っておきますので、台湾にいる間に支払ってください」

こう言い始めたのだが、筆者は3度目となる支払わない旨を彼に通告し、通話を終了した。もはや組織側とまともな交渉が望めそうにないことを確信した筆者は、なるべく早く台湾から脱出することを決意。ホテルのフロントを通じて、フライトの予定を1日早めることができないか、航空会社へ打診することとした。すると、観光などのオフシーズンであったことも幸いしたのか、チケットは問題なく確保でき、新たに翌日の午後の便のチケットを購入することに成功したのである。早めの出国を考えると、昼過ぎには桃園空港にいなくてはならない。開き直って毎夜の如く台湾の夜を楽しんでいた筆者だったが、この日は滞在中に足繁く通っていた近くのバーで軽く飲み、早めに寝ることにした。そんなことを決めている間にも、リクルーターからの着信などは鳴りやむことを知らず、辟易した筆者が着信音をオフ設定にしたのは言うまでもない。

帰国日となった翌日の朝、いまだに途絶えない着信や通知を無視して、台中のバスターミナルへとタクシーを走らせた。新幹線を使った方が、目的地となる桃園空港に早く着くことができるが、組織側も本気で筆者を探している以上、新幹線の駅に構成員が待ち伏せしている可能性は十分にあった。そうなった場合、筆者のパスポートの写真は既に共有されているため、すぐに見つかってしまうであろうことは想像に難くない。向こうも、焦っている人間は、すぐにでもその場を離れようと思うだろうと予測し、その裏をかくべく再び高速バスに乗ることにしたのである。

乗り込んだ高速バスには予測通り追手の姿はなく、2時間半から3時間後には全てを終えて帰国の途につけることに安堵した筆者は、台北へと向かう道すがら、完全に熟睡してしまった。

気が抜けた状態で桃園空港に着いた後、一服しようと喫煙所を訪ねると、再び脳内で危険アラートが鳴り響いた。空港のターミナルの両端であるこの場所は、人目がまったくないと言っても過言ではない。追手がもしこの桃園空港にも来ていたとすれば、攫おうとするのは間違いなくこの場所であろう。そう気持ちを引き締め直した筆者は、喫煙を断念し、迅速に出国準備をすることにしたのである。

周囲を気にしながら準備を進めるが、人気《ひとけ》の多い場所を選べば、高いセキュリティを誇る空港内で攫われることはまずないだろう、と思った通り、この後は危険を感じることもなく、台湾からの出国に成功し、ついに難を逃れることとなったのである。

この間もリクルーターからは着信が届き、金を払えという催促に加え、「日本に行くかも知れないですよ」という脅しの言葉が投げられていた。しかし、筆者はリクルーターが落とし前の100万円を肩代わりしたことも疑っているし、今回の件の復讐として、組織が日本に来るなどという言葉は、完全に嘘だと当たりを付けていたため、これらをやはり無視したのである。

普通に考えて、彼が払ったとされる100万を取り立てるのに、台湾から2、3人の構成員を来日させたとすれば、交通費や宿泊費などの経費だけでも10万円以上かかるだろう。そこから筆者を探し、100万円を返却させるための手練手管を尽くすとなれば、組織やリクルーターにとって、プラスがあるとは到底思えないのだ。これが仮に、向こうの金を持ち逃げした、相手に傷を付けて逃げた、というような事案であれば、彼らにもメンツがあるだろうし、そこまでする可能性も考えられるだろう。だが、筆者は応募した仕事から〝飛んだ〟だけであり、交通費や宿泊費もある程度は置いてきている。

もちろん、今回取材したトクリュウに関わる4つのグループのリーダーと思われる4人が揃い踏みしたビデオチャットがあったように、この件が向こうのメンツをある程度つぶしたことは確かだろうし、怒りもしただろう。だが、大した実害もない状態で、筆者は日本まで逃げ帰っているのである。この状況で、わざわざコストをかけてまで追手を日本に派遣するだろうか？　その可能性は非常に低いと筆者は考えたし、実際のところ現在に至るまで、筆者のもとに彼らが現れていないことが、この考えが正しかった何よりの証左であろう。

筆者は前項に紹介した3人と異なり、内情に深く関わったわけではない。とはいえ、筆者が経験したように、どんなに向こうがリスクの少ない商売である、と主張していたとしても、相手は一皮むけば台湾黒社会の人間である。その甘言に乗せられて、トクリュウのメンバーに加わってしまうようなことがないように、改めて警鐘を鳴らしたい。

第3章 台湾黒社会と歌舞伎町

ここまで台湾黒社会そのものにフォーカスしてきたが、日本の裏社会との関係について説明していこうと思う。

終戦後の焼け野原に進出した華僑

日本において、最も黒社会と関わりが強い街は東京・歌舞伎町である。同地は、いわば華僑の街であると言っても過言ではない。第二次世界大戦終戦後、彼らは焼け野原となった歌舞伎町に杭を立て、〝ここから私有地〟などの看板を掲げることで、土地の所有権を主張。土地の所有権に関する資料を所蔵していた法務局も、空襲によって焼けてしまったので、証明の方法がない。そうして、彼らが定着することになったのが歌舞伎町である。日本一の歓楽街として良くも悪くも名を轟かせ、何か怪しい事件があっても〝歌舞伎町じゃ仕方ない〟と言われてしまうような場所となっていることは、読者諸氏もご存知だろう。とはいえ、昨今の歌舞伎町は、石原慎太郎都知事（当時）のもと、2004年から行われた浄化作戦を進めたおかげで、かつてに比べればかなり健全となっているが、現在も全ての闇が払われたわけではない。ちなみに、石原都知事の発言で物議を醸した三国人という言葉があるが、これは人種を表す言葉ではなく、中国語を話す朝鮮半島や台湾をルーツに持つ人間を指し、第三国の人という意味である。

新華僑の大物との邂逅

今回はそんな歌舞伎町におけるトクリュウの闇を知る人物に、歌舞伎町の某喫茶店で話を聞くことができた。名前は陳氏（仮名、王氏の側近である人物とは別人）といい、歌舞伎町でいくつものビルのオーナーとなっている、いわゆる新華僑である。彼は一体、トクリュウの何に絡んでいるのだろうか。

彼を紹介してくれた人間は、トクリュウをはじめとした歌舞伎町の闇について熟知している日本の指示役の一人という触れ込みであったのだが。どのような話が聞けるのか期待を膨らませながら、挨拶を済ませてインタビューを始めることとなった。

――陳さんの生まれはどこですか？

「私は歌舞伎町で生まれ育ちました。子どもの頃からここが遊び場でしたね」

――現在、お仕事は何をされていますか？

「経営コンサルタントと持ちビルの管理会社運営ですね」

――現在トクリュウが大流行していますが、何か知っていることがあれば教えてください。

「あなたは台湾に2回行き現場を見ているそうですね。であるならば、その通り、そのままですよ」

――台湾を中心にトクリュウが行われているという認識でいいんでしょうか？

「それは違います。台湾で流行っている犯罪の一つという意味ではそうですが、アジア圏の国のマフィアは、日本の暴力団と組んで似たようなことを多くやっています。台湾だけの現象ではない」

――陳さんがこうしたトクリュウに中心的に関わっている一人と聞いたのですが。

「私の周辺には、それらの犯罪に関係する者がいないことはないですね。でも、今は台湾に帰国しています」

――その方は台湾人ですか？

「違います。日本と台湾のハーフで、二重国籍を持つ人間ですね。もし彼が今、台湾に帰化した場合、徴兵に行かないといけなくなる年齢の若者です」

――その方は、どのような仕事を任されているのですか？

「企画から立案までですね。そこで私が納得したら、資金提供を行う、という流れです」

――それだけ聞くと、まともな仕事をしているような印象を受けるのですが、トクリュウとはどういう関わりをお持ちなのですか？

「私が主に関わる人間に、そういう犯罪の関係者はいませんが、話はほぼ聞いています。アジア圏、主に台湾の話に限りますけどね」

そう語った後、陳氏は持っていたバッグから数台のスマホを取り出して筆者に見せた。

「これは台湾の色々な組織から来る勧誘メールです。最終的に、こうしたメールの殆どが私のところに送られてきます。私が台湾と日本の組織の橋渡しをしたことがあるので、筋を通すという意味で、確認のメールですね」

――これらの組織は、陳さんに確認メールを送らないと、日本では何もできない、ということですか？

「そんなことはありません。ただ、台湾で仕事をやりにくくなるのは間違いないでしょう。警察とかの行政の橋渡しには私を通した方が楽だからです」

――陳さんは経営コンサルタントもなさっていると聞きましたが、それはこのトクリュウのコンサルタント、ということですか？

「トクリュウに関してはここ2、3年、相談を受けるようになったのは確かですね。私は彼らを台湾と繋げてあげているだけです」

――報酬は？

「もらっていません。友達からお金を取りますか？　今回も友達の紹介だからあなたと会っている。通常のルートで私と会おうとしたら、本来は1時間数万円のお金がかかるんですよ」

――そのご友人から聞いたところによると、陳さんはトクリュウの元締めの一人であると伺ったのですが、違うのですか？

「当たっていると言えば当たっているけど、違うと言えば違う、というところでしょうか。こうした犯罪には、中国の裏社会の連中なども多く絡んでいるんです。ラオスや、中華圏の国では大陸の裏社会、他の国では現地の国のマフィア、それらが私に色々相談をしてくるのは間違いありません」

——話を元に戻しますが、陳さんに協力している日本の人間について、もう少し話を聞かせてください。

「いいですよ、だけど名前とかは言えません」

——それは当然結構です。何をやられている方ですか？

「元々はある経済関係のメディアにいたのですが、あることがきっかけで嫌になって退職しましてね。私のところに相談に来たので、うちのいくつかある会社の営業部に配属し、今は台湾に行っています」

——社用で台湾ですか？

「ある人間から、東京で大型中華飯店を開きたいという依頼を受けまして、その商談に行っています」

——陳さんは台湾の黒社会との関係はあるんですか？

「ありますよ。祖父が黒社会の一員だった関係で、今も仲良くしています」

——街頭のようなグループとも？

「後輩がいくつかのグループを作っているので相談される関係です。いわば相談役みたいなものですね」

——日本の裏社会ともやはり関係は深いんですか？

「場所が歌舞伎町ですからね。色々な組織の組長とは懇意にして頂いています」

——念のため、もう一度伺いますが、いま日本で大問題になっているトクリュウには、陳さんの関係者は手を染めていないんですよね？

「そこは私にも断言できません。日本の人たちを敵にするな、とか、巻き込むな、ということは毎日のように言っていますが、正直分かりませんよ。うちの関係者だけで日本、台湾、大陸やカンボジア、ラオスなどに約3000人はいますからね」

――3000人!? その中に、トクリュウに関わる掛け子、受け子、出し子とかはいませんよね?

「私が直轄でやっていることは隠す気もないので即答もできますが、管轄外のことは部下に聞かないと答えられません」

話がトクリュウに近付くと、露骨に話題をそらす陳氏。紹介者から聞いた通り、日本のトクリュウについて深い知識があるというのは本当なのかも知れない、とこの時点で直感した。

そこで一旦、トクリュウ以外の犯罪として、関東を中心に流行しているタタキ、いわゆる強盗事件についても話題を振ってみることとした。

――今、関東で連日報道されているタタキの情報は入っていませんか？

「あー、あの細かい事件ですか。あれはフィリピンの関係者が一翼を担っていると噂で聞きましたが、組織自体が大きいのか小さいのかまでは、私には分かりませんね」

――私はこれらの事件が、トクリュウから目をそらすために行われている可能性があると思うのですが、陳さんはどう思いますか？

「それはわかりませんが、あれらの事件は使っている名簿も悪いんでしょうね。大きい事件をやるのであれば、まず名簿にお金をかけてきちんとしたものを手に入れないとダメです」

――陳さんはその〝きちんとした名簿〟を見たことがありますか？

「ありますよ、興味がなかったので手を出しませんでしたが」

――その名簿の値段はどのぐらいでしたか？

「1人1、2万円だったと思いますよ。電話、住所、勤務先、家族構成といった情報のほか、クレジットカードや銀行口座など様々な情報が記載されていました」

――それが何人分ぐらいありましたか？

「その時に提示されたのが1500万円だったので、1500人分かな、今年（2024年）の夏頃の話ですよ」

――その名簿が使われていたら、今回のような連続強盗事件は起こらなかった？

「いや、関係なくやるんじゃないでしょうか。そもそも、彼らの目的が分からないですし。少なくとも金銭目当てではないはずです」


陳氏とそんな話をしていると、筆者の携帯電話のテレグラムの音が鳴った。トクリュウの掛け子の勧誘であった。その内容に陳氏が興味を示したので、見せてみることにした。内容は以下の通りである。

〝カンボジア案件〟
一回の渡航で半年間
月3000ドル基本給
歩合3％→4％→5％で昇給
渡航費用、宿泊費、食費会社持ち
仕事時間　月曜日～土曜日
日本時間8：00～17：00
18：00～20：00（21：00）打ち合わせ

この画面を見て、陳さんの表情は険しくなった。

――この勧誘メールに見覚えがありますか？

「これは昨日、私のところに送られてきたものと同じ内容のものだと思いますが、金額が違い過ぎる」

陳氏に送られたという募集案件の内容を見せてもらうと、以下の通りだった。

カンボジア
一回の渡航で半年間
月4000ドル基本給
歩合3%→5%→7%で昇給
渡航費用、宿泊費、食費会社持ち
仕事時間　月曜日～土曜日
日本時間8：00～17：00
18：00～20：00（21：00）打ち合わせ

両者は期間や勤務時間などは同じである一方、基本給や歩合の部分が筆者の受け取った案件ではかなり低くなっており、中抜きが激しく行われているのが一目瞭然である。「これは台湾の街頭が行っている案件ですね」と、陳氏は募集の背景について語り出した。

「カンボジアは警察との関係はできていますが、日本人はそこまで多くありません。だから目立つと住民に通報されて警察が動かなくてはいけなくなる。当然周囲には口止め料を払っていると思いますが、これでは人が集まらない。当初は観光ビザで入り、就労ビザに切り替える、などの説明も消えていますし」

――カンボジアはかなりトクリュウで検挙されていますが、あれは台湾の街頭、マフィア案件ですか？

「カンボジア周辺はそうです。ベトナムとかは大陸系の人間ですね」

――台湾の黒社会はそんなところまで進出していたんですね。

「日本にも既に進出しているわけですからね。歌舞伎町にも、台湾の組織の事務所がそこらじゅうにありますよ」

――それは台湾の組織、というか三大黒社会の人たちが日本の裏社会と関係が深い部分があるからではないでしょうか？

「そういう面もありますね。だけど中華系のお店なんかは、ミカジメ料を二重取りされて苦しんでいますよ、中には人材確保や、食材の仕入れとかの問題から、中華系マフィアにしか払わないお店もありますしね」

――日本の裏社会と台湾の関係性は分かりましたが、カンボジアでの現地マフィアとの関係は？

「全て押さえています。人も送っているし、金も流れ込んでいますからね」

カンボジアと台湾黒社会

近年、台湾黒社会とカンボジアマフィアが関連していると思われる事件はトクリュウ以外にも発生している。2022年8月21日に読売新聞オンラインが公開した記事によると、カンボジアで好条件の仕事がある、という募集に応募して現地入りした台湾や香港の住民らが、現地で監禁や暴行、人身売買などの被害に遭う事件が、同年だけで450件以上発生していたという。同記事によれば、この際の募集要件は「月収5万香港ドル（約87万円）。学歴、職歴不問。飛行機代不要」といったものだったようで、これに応募した人々が、カンボジアはもとより、ミャンマーやラオスなどで詐欺の片棒を担がされたり、違法賭博場での強制労働をさせられたり監禁されたりなどの被害に遭ってしまったそうだ。

同様の内容についてはニューズウィーク日本版が2024年2月3日に公開した記事でも報じられており、こちらでは、被害者たちはカンボジア内で中国マフィアや同じく中国の密航斡旋組織である「蛇頭」が強い影響力を保持する「治外法権エリア」と化した港湾都市・シアヌークビルに連れ込まれて監禁。その後に人身売買を行われ、臓器移植や売春などの被害に遭ったという、より強烈な事態が説明されている。この記事によれば、4000人以上の台湾の若者がカンボジアで失踪した可能性があるそうだ。

これらの犯罪では、それに伴って別の大きな問題も発生している。親中国として知られる一方、台湾とは国交関係のないカンボジアで、台湾国籍の人間が当局に逮捕された場合、中国大陸本土に強制送還されてしまうというものだ。上記のニューズウィーク日本版の記事では、こうして中国本土に帰還させられた台湾人は、現地に家族などの繋がりもなく、深刻な人権侵害を受けるリスクが高いという人権団体のコメントが載せられている。

余談だが、カンボジアのこうした事件は日本人を対象としたものもあり、共同通信が2024年8月21日に報じたところによれば、同じように高収入を謳った募集に応じた日本人12人が、現地でトクリュウなどの強制労働に従事させられる被害が起こっている。彼らは日本大使館に駆け込むことで救出されたようだが、同じような募集を見たとしても、応じるのはリスクが高いということだけは確かだろう。

話を元に戻すと、カンボジアで台湾や香港の若者が遭った被害は、臓器移植などのハードな部分を除くと、現在日本で問題となっているトクリュウと同じような内容である。
このカンボジアでの犯罪から見えてくる台湾と中国大陸の組織の関係性について陳氏に聞いた。

――カンボジアでの犯罪では、蛇頭と中国マフィア、台湾の黒社会、街頭などが関わっているものだと思うのですが、それぞれの組織の関係性はどういうものなんでしょう？

「トップはいくつもの流れがあるから一括《ひとくく》りにはできないけれど、規模としては中国マフィア、黒社会、街頭、蛇頭の順番になっていると思いますね。蛇頭は一時期どこにでもいたけど、今はいるのか分からない程度の規模になってしまいましたから」

蛇頭は元々密航を斡旋する中国福建省を地盤とした組織だったが、近年は形態を変えており、カンボジア、ベトナム、ミャンマーなどに密航者を斡旋している。この蛇頭については過去に取材したので、語れる機会があればまた詳細に述べてみたい。

陳氏によれば、規模の上では中国マフィア、台湾の黒社会の順だというが、実際には裏で繋がっているケースも多々あるため、単純に比較ができるものではないという。また、海外に先に進出したのは、僅差であるものの台湾黒社会であったそうだ。国土の狭さという環境が、海外に目を向けやすくなる一因となったのかも知れない。

――こうした中国本土と台湾の組織間が、日本で争いを起こすことなどはないのですか？

「かつては毎日のようにありましたが、最近はかなり少なくなりましたね。彼らも歌舞伎町を作り上げたのは台湾人だと認めているようですし、私たちにはあまり仕掛けてはこない」

様々な組織の相談役という肩書は伊達ではないようで、このインタビュー中にも陳氏のところにはひっきりなしに人が駆け込んでくる。筆者は2時間の約束でインタビューの時間を取って頂いたのだが、そのうち半分程度の時間は、彼への相談の電話などで中座していたほどだ。

約束の2時間が過ぎ、インタビューを切り上げようとしたのだが、中座が続いたことを気に病んでくれたのか、陳氏から「私の日本人の部下でさっき話した人間が明後日、日本に帰国しますが、会いますか？」と提案された。筆者にしてみれば渡りに船であるこの提案を感謝しつつ快諾し、その後、紹介してくれた人物とは、何度か電話のやり取りをした後に、こちらも話を聞かせてもらえることになった。

陳氏の部下が語るトクリュウの現場

彼とは陳氏とともに、前回とは別の会議室で顔を合わせることとなった。名刺を渡して挨拶した筆者に対し、彼は森田と名乗ったものの、こちらに名刺などを渡してくれることはなかった。恐らく仮名であろう。とはいえ、筆者が求めているのは彼の素性ではなく、持っている情報である。さっそく台湾のトクリュウについてインタビューを始めることとした。

——トクリュウと台湾マフィアの取材をしているのですが、森田さんが話せる範囲で教

よ」

えてください。

「社長の許しは得ているので、ある程度は話せますけど、一般的な話しかできません

——私のところには毎日のようにトクリュウの勧誘のＤＭが台湾を中心に来るのですが、なぜ台湾なのですか？

「オレオレ詐欺と言われていた時代の話から入りましょう。あれの大本は台湾が大陸の中国人を騙して始めたことを知っていますか？」

——それは台湾で向こうの街頭の大物から聞きました。それで国も応援してくれるみたいな内容でしたね。

「それの半分は当たっていますが、半分は外れています。国は応援してはいません。彼らは黒社会との関係を切りたいのですが、今までのことを暴露されることを恐れ、何も取り締まりをしないのです」

――実際に台湾で詐欺の事案で日本人が逮捕されたケースは少ないですよね。ここ数年では記憶にないですね。

「台湾では詐欺を行うと1〜7年の懲役が待っています。日本は10年以下ですよね。詐欺で捕まっているケースは私も聞いたことはありません。語学堪能な日本人が台湾人を騙すというケースは少ないでしょうね。私は前に働いていた会社にいた時、ハメられて台湾の刑務所に3年入りました。その時に社長の部下の人に良くして頂き、拾ってもらって今があります」

――台湾で懲役に行って、よく入国できますね？

「詳しくは語れませんけど、いくらでも抜け穴はあります、私はハーフで、向こうの国籍も過去に持っていましたから、色々ありますよ」

――過去に、ということは、現在は日本人なのですか？

「パスポートの色は緑ですよ（※日本のパスポートは一般的に紺色か赤なのに対し、台湾のパスポートは緑である）。なので日本人扱いではありません」

――森田さんは台湾マフィアの一員ですか？

「警察からはそう見られていると思います」

――トクリュウについての情報を教えてください。

「どこまで知りたいですか？　私の話せる範囲は多分知っていると思いますよ」

こう語る森田氏に対し、筆者は今までに入手した情報を一部伏せつつも彼に話したところ、返ってきたのは「深いところまで切り込んでいますね、私が教えることはないですよ」という言葉だった。

――今首都圏で流行っているタタキについては何か知っていますか？

「あれの一部に関してはフィリピンから指令が来ているとは聞いていますが、本当かどうかの確証は取っていません。こっちに何か被害があれば動きますが、今のところありませんからね」

――森田さんは、陳さんの会社での役職はどうなっているのでしょう?

「私は人材育成と色々な部門の統括です」

――トクリュウの統括も?

「それは違います。そもそも、仮にそうだったとしても、それを明言する人間はいませんよ」

最後にそう語ると、森田氏は筆者と陳氏に深々と頭を下げ、部屋を出て行った。間違いなくこのグループは何かを隠している、と筆者は確信した。取材に協力してくれていると見せかけて、実際に深い話をしようとすると、話をそらして煙に巻いてしまう。流石に日本と台湾でそれなりの地位についているだけはあり、海千山千の男たちであった。

最後に陳氏は、このインタビューの内容を記した書籍が出る日程について聞いてきたので、筆者は少しだけ時期をずらして来年（2025年）の夏と答えた。すると、彼は笑みを浮かべながら、「その頃にはもう、台湾の詐欺事案はその殆どが東アジアの他の国に拠点を移しているでしょう。台湾でまだその事案に手を出している連中は、資金力のない街頭や、マフィアの連中だけでしょうね」と、意味深な言葉を残した。

こちらは台湾の組織が関わるトクリュウの真実について、やっと糸口を摑みかけたという状況に過ぎない。にもかかわらず、陳氏の言葉が真実であるとすれば、既に彼らは拠点を移して逃げ去る準備を整えているようだ。機を見るに敏は表も裏も変わらない組織運営に求められる要素ではあるが、その周到な手練手管に、筆者は開いた口がふさがらないような思いであった。

台湾黒社会と横浜中華街

歌舞伎町以外にも、こうした台湾や中国の組織の影響を色濃く受ける地域は少なくない。横浜中華街も、そうした地域の一つである。中華街の公式サイトによると、同地には中華料理やレストラン、カフェなどの飲食店が200軒以上存在しており、その他様々なジャンルの店を含めると約420店舗が商店街に加盟している。これ以外に加盟していない店舗も存在していることも考えると、日本一の中華街というのも納得の規模だ。

そんな横浜中華街と台湾黒社会をはじめとした組織の関係を知るべく、筆者は同地で長年中国料理店を経営しているとある人物に話を聞けるか交渉。彼は匿名を条件としてインタビューに応じてくれた。

――今回の取材は中華街と台湾や中国のマフィアの繋がりについてが主題なのですが、日本の裏社会とは関係があったりするんですか？

「私のやっている店はありませんね。でも、一部の店は中国マフィアや台湾黒社会はもちろん、日本の裏社会とも繋がっています。そういう店では、地域を仕切っているボスが食事をしている姿もたまに見かけますね」

──いわゆるミカジメ料など、金銭の支払いはあったりしないのでしょうか？

「恐らくですが、払っている店が多いと思います。私は組合にも入っていないのですが、以前組合で飲食店をやっている人間から誘われたことはありましたよ。その時はキッパリと断ったのですが、それ以来は勧誘もないし、裏社会関係者の立ち入りもなくなりました」

──この辺りを縄張りとしているのは、稲川会系と聞いているが、その認識で間違いありませんか？

「私の口からは、これ以上はもう何も言えません」

この質問を最後に、この人物は何を聞いても答えてくれなくなってしまった。自身の店は裏社会やマフィアとは無関係を貫いているとのことだったが、それはそれで様々な苦悩があるのだろう。

続いては、ある華僑の人間に同じく中華街について話を聞いた。少し本題からは外れるが、彼が言うところによると、華僑と一括りに言っても、華僑と華人、老華僑と新華僑など様々な分類があるそうだ。

「台湾を含む中国に国籍を持つ人間を華人と呼び、台湾人や中国人国籍の人間が片方の親であったり、中国に何かしらのルーツを持つ人間は華僑と説明するのが一番分かりやすい」

立命館大学で国際教育推進機構の准教授を務める駒見一善氏が発表した論文「大阪・京都の華僑華人と社会変容」によると、日本における華僑の人口は、2018年度時点で82・5万人だとされている。だがこの人数にも諸説あるようで、上記の華僑の人間はこれについてこう疑念を呈した。

「この人数は華僑の協会とかに所属している人間をもとに割り出した人数ではないか。

当然、協会に加盟していない人間もかなり多いから、この時点でも実際は100万人を優に超えていたと思う」

なお、老華僑と新華僑の違いは、1970年代以前に中国大陸からマカオや香港、台湾、日本に移住した人間の総称で、新華僑はそれ以降に中国から移住した人間のことを指すという。

話を中華街に戻そう。このコメントを出した人物は、横浜中華街では、扱う料理の種類によってバックにいる勢力が変わるとし、以下のように分類した。

1. 四川料理　老華僑
2. 広東料理　上海系マフィア
3. 満洲料理　怒羅権《ドラゴン》・東北系マフィア
4. 点心　新華僑・福建マフィア
5. 台湾料理　新華僑・台湾マフィア

これが彼ら華僑の認識であり、それゆえ食事に行く店はほぼ決めているという。また、価格帯によっても、こうした分類が可能な部分があり、歴史ある高級中華は老華僑が経営している店が多いそうだ。一方、格安食べ放題の店はやはり多くの人気を集めているが、中国マフィアから資金提供をされて営業を始めた店が多く、いかに安く仕入れて客を入れるかを重視しているため、美味しくない場合が多い、ともコメントを付け加えた。

こうした格安店がよく入れ替わる原因は、資金繰りがうまくいかず、店を取り上げられるような形でオーナーが替わり、新たに華僑から資金提供を受け、新規開店するケースが多いとのこと。安さと集客のみに特化すると、リピーターが少なくなってしまい、結果として店の入れ替わりが激しくなるということなのかも知れない。日本と華僑、華人と関係する団体は数多く存在するが、全ての団体は正確な数字は出さなかった。

知られざる第二の〝パリジェンヌ事件〟

そんな資金やバックの話などを中心に中華街の取材を進めていった筆者だったが、一般的には知られざる衝撃的な事件について知ることとなった。それを語ってくれたのは、同地における顔役の一人だという劉《りゆう》氏（仮名）という人物だ。彼に接触することに成功した筆者は「横浜中華街の裏側について伺いたい」と率直に切り出して交渉をすると、「あまり深く話せないけれど」と快諾してくれたため、指定された中華街の施設へと向かうことになった。

そこで待っていた劉氏に、今回の取材の趣旨を改めて話すと、「中華街の裏側はあまりありませんが、かつては我々と地元組織が衝突しかけたことがありました。昔、歌舞伎町で起きた青龍刀事件やパリジェンヌ事件をご存知ですか？」と切り出してきた。

この青龍刀事件とパリジェンヌ事件について説明したい。前者は、快活林事件とも呼ばれ、1994年8月、歌舞伎町で起きた事件である。当時区役所通り裏にあった中華料理店「快活林」で、上海系の中国マフィアが、北京系の中国マフィアを襲い、1名が死亡。青龍刀という物騒な武器が使われたとされる（一説には、実際に使われたのは青龍刀ではなく、刺身包丁やサバイバルナイフとも言われているが）この事件は、中国マフィアが歌舞伎町内で権勢を振るっていることを世間に印象付けたものであった。一方で、この事件を受けて厳しい取り締まりを行った警察の手により、上海系と北京系のマフィアは歌舞伎町内の勢力を減退。福建系へと取って代わられることとなったが、彼らは密入国、密出国を繰り返す奔放さと、裏切りを行う性質を持ち合わせていたため、日本の裏社会との折り合いが悪く、やはり衰退した。そののちに台頭することとなったのが、パリジェンヌ事件に関係することとなる東北系マフィア、東北幇《トンペイパン》である。彼らは旧満洲である遼寧省、黒竜江省、吉林省などをルーツに持ち、中国残留孤児二世・三世が主なメンバーであり、日本語や日本の習慣への理解が深いことから、日本の裏社会のビジネスパートナーとして成長。歌舞伎町で勢力を拡大することとなった。

パリジェンヌ事件は、そんな東北幇と日本の裏社会が衝突することとなった事件として知られている。2002年9月に、歌舞伎町の大型喫茶店「パリジェンヌ」で住吉会系の暴力団員が東北幇の関係者に射殺されたというのがその内容だ。

警視庁が組織犯罪対策部、いわゆる組対《ソタイ》を設置するきっかけともなったと言われている同事件は、同月に行われた住吉会系の下部組織と、東北幇のメンバーで行われたカラオケスナックでの親睦会での諍《いさか》いに端を発する。この親睦会の中で、カラオケに曲を入れる順番を巡って口論となった両者は、最終的に双方に怪我人を出す大乱闘に発展。この手打ちとして両社は「パリジェンヌ」で会合を行ったが、こちらでも口論から発展し、東北幇のメンバーが住吉会系の組員を射殺するに至った。構成員を殺された日本の裏社会は、住吉会だけでなく多くの組織が結託して、ビジネスパートナーであった東北幇を排斥するため、組織そのものだけでなく、中国系の様々な店舗や客引きも対象とした「中国人狩り」とも言える大規模な報復を実行。同年内は緊迫した状況が続いたが、最終的に両者は2003年1月に東京郊外の飲食店で大々的な手打ち式を行い、事態は終結することとなった。

これらの事件は、中国系のマフィアが歌舞伎町で起こした凶悪事件として知られる代表的なものではあるが、横浜中華街とあまり関わりがあるようには思えない。そのため、筆者は劉氏がこれらの事件の名前を出した意図を測りかねていた。もしかして、当事者の一人なのだろうか？　そう考えた筆者は、再び劉氏へ質問を投げかけた。

――劉さんはこれらの事件と何かしら関係があったのですか？

「直接的な関係はありません、ただ、報道はされていないだけで、あの時代には中華街でも同じような事件が起こっています。地元の裏社会との軋轢《あつれき》です」

——その当時劉さんはお店をやられていたのですか？

「パリジェンヌ事件の時期は、ちょうど資金を集めて店をオープンしようとしていたところでした。しかし、私に融資してくれると言っていた裏社会の人間が、突然私に協力できないと言ってきたんです。怒った私は、数人とともに刃物を持ち、相手の事務所に乗り込みました」

——報復を行ったわけですね。実際、刃傷沙汰には発展したのでしょうか？

「相手の組長の顔を切りつけました。ご存知かどうか知りませんが、刃物で顔を切ると血が止まらないんですよ」

——それは大問題になってしまいそうですが……。

「なりましたよ、相手側の組長を切りつけたのですから。その当時、劉を探せとの大号令が横浜でかけられ、私も横浜にいることはできなくなったので、長崎にいる従兄弟《いとこ》の家に匿《かくま》ってもらったんです」

——なるほど。その後、どうやって横浜に戻ることができたのですか？

「パリジェンヌ事件で命を落としたある人間が、相手と話をつけてくれたんですよ。私の起こした騒動は、あの事件の少し前に起きたものでしたから」

——なるほど、その方が相手と交渉をしてくれたわけですね。その際には、やはり金銭のやり取りがあったのでしょうか？

「いくら払ったのかは伝えてくれなかったので分かりませんが、恐らく金で解決したのでしょう。それ以来、私は騒動を起こした相手とも普通に付き合える関係になりました」

場合によっては、パリジェンヌ事件よりも先に、裏社会と中国系マフィアの大規模な抗争が勃発するかも知れなかった——。筆者は、決してゼロではなかったその可能性を想像し、思わず身震いしてしまったが、奇しくもパリジェンヌ事件の関係者として命を落とした人物の手によって、事件は無事解決に至った、というわけである。劉氏はこのような経緯から、パリジェンヌ事件に特別な思いを抱いているという。

本稿に記載した事件は、あくまでも劉氏が語った内容に基づくものであり、その真偽は確認しきれない部分もある。ただ、彼の話を通じて浮かび上がるのは、日本の社会の中で外国人犯罪組織が互いに手を取り合い、日本の裏社会と関わりながら勢力を伸ばしていったという一つの歴史だ。こうした過去は、パリジェンヌ事件や、劉氏の語った事件のような抗争を代表とする負の側面だけでなく、それを生き延び、今では新たな形で社会に関わろうとする人物たちの姿をも浮き彫りにする。現在劉氏は横浜の中華街の組合の要職にもついているが、彼こそが在日外国人として多くの転機や危機を乗り越えた先で、今もなお日本という国の社会へと関わり続けることを選んだ一人だと言えるのではないだろうか。もちろん、裏社会の一員である劉氏の生き様が、多くの人の模範になるものとは言い難い部分もあるだろう。しかし、苛烈な裏社会の中で生き抜いた劉氏の人生は、そこから垣間見える日本社会が抱える複雑な多文化共生の課題とも密接に結びついている。そのように筆者は考えているのだ。

新たなチャイナタウン西川口

ここまで歌舞伎町と横浜中華街という、かねてより台湾や中国の組織と関係の深い国内地域の実情について話してきたが、この章の最後に、新たに台湾黒社会との関係を密にしつつある地域について紹介しようと思う。それが、現在中華街が誕生しようとしている埼玉県川口市にある西川口駅周辺だ。

元々、東京と埼玉の県境であり、京浜東北線により東京から一本で向かえるという立地的な優位性を持っていた同市だが、同じく赤羽から大宮に至り、戸田市を経由する埼京線の開通により今ではその優位性は失われつつある。川口オートレース場や、戸田競艇場（現・ボートレース戸田）の最寄り駅であった西川口駅周辺では、ギャンブル客に対応するために風俗街がかねてより存在していたが、東京都北区赤羽のピンサロ街が都市開発により摘発された影響で、それらの店舗が多く流入。2000年あたりには一大歓楽街となった上、NK流という実質本番行為を黙認するスタイルの風俗店が増えたことで大繁盛したという歴史を持っている。しかし、それに伴う治安の悪化が問題視された結果、2004年頃から浄化作戦が行われ、200軒以上あったとされる風俗店の殆どは摘発の憂き目に遭い、シャッター商店街と化していた。

そこに目を付けたのが台湾人であり、中国人だ。既にリトルチャイナタウンと化している池袋からもほど近く、家賃や物価も、都内に比較すれば段違いに安い。そのため、池袋で力を持った中国人たちが土地や店舗を買い取り、新たに来日する中国人に対して、それらの店を斡旋したのである。

この西川口の特徴を、現地の中国人としてこの取材に協力してくれた張《チャン》氏（仮名）は次のように語る。

「他の中華街に比べると台湾料理の店が多い。それは台湾人が強いというのが一番の理由です。普通の中華料理の店も、40～50軒ほど点在していますが、こうした店のオーナーも表向きこそ中国人であっても、資金提供しているのは台湾人というケースがままありますね」

そのためか、現在では日の落ちる前から、台湾系や中国系の黒社会の人間たちが、堂々と街を歩いている、とも張氏は語ってくれた。同氏は、この川口における外国人組織の変遷についても、次のように触れている。

「この街は元々タイ人やイラン人が多く在住していましたが、彼らはこの場所では悪事をせず、都内へと出て行って覚醒剤の密売や、盗品の売買など色々なことをしていた。今も一部は残っていますし、近隣の治安が悪くなっています」

張氏の言う〝一部〟とは、川口市や蕨市《わらび》で増加しつつあるクルド人コミュニティについて言葉を濁したものであると筆者は察したが、今回の件とは関係ないため、彼らの問題については割愛する。

そんなタイ人やイラン人が衰退した後、上記の通り勢力を増やしてきたのは台湾人、中国人となっているが、特にその中でも目立つのは台湾にルーツを持つ、華僑や華人たちだという。

「他の中華街ではもう台湾人も台湾マフィアも飽和状態です。池袋はもちろん、横浜にも比較的行きやすい西川口に彼らが目を付けたのは、ある意味自然なことだったと思います」（張氏）

西川口はかねてより、裏社会の人間にも有名な地域であった。関西では、人が最後に流れ着くのは西成というのが定説となっているが、東京や埼玉など、関東圏の人間が最後に流れ着くのは山谷、寿町、西川口と言われている。それぐらいダークな街であったのだ。イラン人やタイ人が住み始めたのもそのような理由からなのであろうか。

埼玉県警の必死の摘発で風俗が壊滅し、裏社会の人間の努力で不良タイ人やイラン人を一掃したところで、坂道を転げ始めている街の変化は止まらない。国の政策が変わったこともあり、不良イラン人は母国へ帰国し始めたものの、こうした街の特性が、今度は台湾人、中国人を呼び込むことになってしまったのかも知れない。

住まう外国人の国籍こそ変わったものの、再び人が集まり始めた西川口。人が集まる場所には金が集まる。それは集まる人間が黒社会の構成員であるとしても変わりはない。強いて言えば、こうした裏社会の人間たちが表の稼業として手を出すのが、娯楽産業であることは一つの特徴である。そのため、女性の需要がセットで増えるケースが多くなるが、西川口もそのご多分に漏れず外国人系飲み屋も多く立ち並ぶ状況となっている。その街に住まう人間が、街並みにも影響を与えるという一例であろう。

「我々が移住し始めた頃は、大きな事件が何度もありましたね。一時期は、日本人はもちろん、台湾人、中国人が攫われるというケースも連日起こっていました。ただ、こうした事件はその日のうちに、歌舞伎町の裏社会で顔役をするような人たちが、間に入って解決してくれることが多かった。そうした事件を一つ一つ乗り越えながら、私たちは西川口にコミュニティを作れるようになったのです」（張氏）

筆者もジャーナリストとしてはこうした問題についての不勉強は恥ずべきことかも知れないが、東京のすぐ近くで、このようなことが近年起こっているというのは知らなかったというのが正直なところだ。〝西川口がきな臭い〟という噂こそ聞いていたものの、同地にとってそれは当たり前のことであろうと、気にも留めなかったのである。台湾のトクリュウを追う本書の取材に乗り出した際、こうした状況を知れたことは僥倖であった。

そんな西川口だが、再び大きな流れが起きつつあると張氏は語る。

「西川口の駅前は現在、再開発計画で揺れています。それは私たちのコミュニティでも同じことです。裏側では台湾マフィアが動き、立ち退きなどの交渉を同胞なのに強引に行っているらしいです」

今やチャイナタウン化している西川口。同様に住みやすく、家賃や物価が安い川口駅周辺にはこうした異常が起こらなかったのは、空き物件が少なく、店を出せないというのが理由なのだろう。

横浜中華街はもちろん、池袋もいわゆる〝ガチ中華〟の店などが立ち並ぶリトルチャイナとして、タウン誌に取り上げられるなどしているが、西川口は今のところ、一般的には両都市に並ぶようなチャイナタウンとしての知名度はない。しかし、西川口の中国人コミュニティは、様々な問題を多く抱えつつも、着実に成長しているのである。

なお、先程〝最後に流れ着く街〟として挙げた大阪の西成でも、似たような状況が進行しつつある。シャッター街と化していた商店街を、盛龍不動産の社長である林伝竜氏という一人の中国人男性が、西成中華街構想なるプロジェクトを立ち上げ、空き店舗を次々と購入。2025年までに中華料理店や雑貨店などを120店舗ほど同地に開き、中華街を作ろうとしていることが2024年3月17日放送の「ABEMA的ニュースショー」（ABEMA）をはじめとした各種メディアで報じられるなど、話題を集めている。地元商店街からは反対の声も挙がっているというが、訪れる人が増えているのは事実のようだ。

かつては風俗街として栄えた西川口、そしてドヤ街として栄えた西成。両者は、近い未来に新たなる中華街として栄えることができるのだろうか。

この章では、歌舞伎町を中心に、台湾黒社会や中国系マフィアの影響力が強い日本の地域について説明したが、有名なところでは米国カリフォルニア州サンフランシスコなど、世界各地にチャイナタウンは存在し、その裏側には必ず黒社会の存在がある。そして、華僑、華人は少なくとも30カ国以上に居住している。もちろん、これらは一つのグループではなく、様々な系統に分かれ、それぞれの地域で活動しているというのが実態だろう。とはいえ、2024年4月時点で81億1900万人とされる世界人口のうち、6人に1人以上の割合となる14億2520万人が中国人となっているのが現状だ。彼らが表社会、裏社会を問わず、多くの国や地域に根を下ろし、ネットワークを形成しているというのは、まぎれもない真実であろう。

第4章

台湾黒社会と薬物

続いては、マフィアをはじめとした裏社会の資金源として最もメジャーなものの一つである、違法薬物と台湾黒社会について述べていこうと思う。

台湾の黒社会は、その勢力や特徴が時代とともに変化してきた点で、香港の黒社会とはまた異なる進化を遂げている。その歴史を振り返ると、社会的背景や政治的要因が複雑に絡み合い、台湾独自の犯罪組織文化が形成されていることが分かる。

台湾国内の薬物事情

そんな台湾における薬物取引の最先端はどうなっているのか。「街頭の大物が語る台湾発のトクリュウ」の項で王氏が述べている通り、台南、高雄は覚醒剤の産地として日本にかつては多く密輸されていた。ただ、近年は東南アジア産が安く入り、北朝鮮や台湾からの仕入れは減っているとも言われている。知人の全国紙社会部記者は、以下のように現状を語った。

「北朝鮮の覚醒剤は品質が良く愛好者が好んでいるのは有名ですが、それに続くのが台湾産だと聞いています。北朝鮮の覚醒剤の品質の良さは、国営の工場を製造者が時間貸で借り受けて製造しており、それを国が黙認していることから、余計な不純物のないものが製造できるのが理由だそうです。ただ、2006年までは万景峰号が日本と北朝鮮を往復して物資を運んでいたため、入手が簡単で最も多く輸入されていましたが、それが廃止されてからは台湾産がトップだったと聞いています。最近では、タイ産のものも安くて輸入量が増えているそうですよ」

このように聞くと、台湾には覚醒剤の愛好家が多いのではないか、と思う人も多いかも知れないが、あくまでも闇取引における人気商品として生産され、海外に輸出することを目的としている場合が殆どである。現地にももちろん愛好家はいるのかも知れないが、自家消費ではなく、他国に売りさばこうというインセンティブの方が大きい。

台湾における違法薬物の人気品目は、大麻のほか、日本ではMDMAなどと呼ばれる合成麻薬の揺頭丸《ヤオトウワン》が一般的だ。MDMAといえば、クラブなどで取引されているイメージがあるが、台湾では日本と異なり、そうした場所では売買は一切されないという。事情に詳しい王氏の関係者はこう語る。

「台北のクラブはセキュリティが厳しくて、持ち物検査などを行うのが一般的です。そこで揺頭丸などの薬物を持っているのが発覚した場合、追い出されるだけで済めば御の字で、通報されてしまうケースも少なくありません。台湾では、こうした違法薬物は罪が重いため、ユーザーは皆注意深く地下に潜って遊んでいるイメージです。台中は台北に比べるとセキュリティが比較的ゆるいですが、クラブで遊ぶとかKTVのVIPルームの個室で遊んでいるという話はあまり聞かないですね。外でそれらをやるとしたら、本当に関係者がやっている店ぐらいではないでしょうか」

実際の単価はどうなのか。

「日本の事情が分からないから比較はできませんが、個人が楽しむ量だったら覚醒剤は1グラム3万円くらい、大麻が同じく1グラム2000円くらい、揺頭丸は1錠3000~4000円が相場です。もちろん、大量に仕入れた場合はそれ以上に安くなることはあると思います。あと、麻薬ではないですが、年配の方には合法で効き目がLSDに近いビンロウという自生している種と葉っぱの愛好家が多いですね。ただ、私たち若い世代は一緒に口に入れる石灰の味が苦手な場合が多く、咽頭がんになりやすいとも教えられているので、あまり愛好家はいないように思います」（王氏の関係者）

このビンロウとはアジア全域で数百万人のユーザーがいるというヤシ科ビンロウ属の植物で、種子が檳榔子《ビンロウジ》と呼ばれ、嗜好品として販売されている。この種をすりつぶしたもの、あるいは細切りにしたものを、キンマというコショウ科の植物の葉で食用の石灰とともに包み込んだセットで販売されるのが一般的だ。噛むと赤色や黄色の汁が出て、これを飲み込むと胃を痛める可能性があるため吐き捨てる必要があり、愛好者は歩きながらこの汁を道路に吐き捨てるので、かつては台湾の道にはこのビンロウの汁の跡がついている場所も多く見られたという。しかし、現在では道にこの汁を吐き捨てると、罰金刑が科されるようになったため、主要な観光地などでは少なくなりつつある（なお、現在ではエチケット袋や紙コップなど、道路に吐き捨てないようにするアイテムが購入時に販売店でもらえることが多い）。噛むと種にあるアルカロイドの薬効で、興奮感や酩酊感を得られるが、依存性も高く、常習者になりやすいそうだ。いわば、噛みタバコのようなものである。なお、ビンロウもタバコと同じく、最初こそ薬効を実感できるものの、習慣になってしまうとほぼ効力を感じられなくなってしまうという。

筆者も度々夜市などでビンロウを売っている店の看板を見かけたが、購入する気にはならなかった。

台湾における〝海外出稼ぎ〟の裏事情

1回目の渡航の際、トクリュウの話からこうした薬物の話題になったのち、王氏からは覚醒剤の生産工場を見学させてくれるという驚きの提案がなされた。筆者がそれを快諾すると、「工場に連れて行く前に紹介したい人間がいる」と通訳を通して告げ、筆者を事務所の裏の駐車場から連れ出し、いつの間にか用意されていたランドクルーザーに招き入れた。

「せっかく黒社会や街頭の犯罪について取材に来たのであれば、ちょっと面白い取材もしてみませんか？　私の兄弟分を紹介します」

王氏からこう告げられた筆者は、猛スピードで走るランドクルーザーに乗せられて、10分も経たないうちに台中の市内に入った。目的地であるホテルの車止めに入ると、ボーイが慌ただしく駆け寄り、王氏に丁寧な挨拶をして車のカギを受け取った。まさにVIP待遇である。

「ここは四つ星ホテルですけど、今年（2024年）の春に兄弟分がトクリュウで儲けた金で買収しましてね。今は色々なことをする拠点の一つになっています。私は年間ワンフロアをかなり格安の値段で借りています」

そう語りながら王氏は、エレベーターでホテルの最上階に近いフロアへと進んだ。目的のフロアに到着すると、王氏の若い衆が待ち構え、部屋に案内する。筆者が使うことはおろか、見たこともないようなスイートルームである。

「ここは私の大事な顧客と密談をしたり、接待を行ったりする場所です。街中にも接待できるような場所がありますけど、そこを使うより密談もできるこの部屋の方が便利なので使っています」

そう部屋の用途を説明した王氏だったが、筆者はここで当時テレグラムなどの秘匿通信アプリで出回っていたある案件が頭に浮かんだ。そのため、失礼を承知で王氏に「この場所ですが、密談や接待以外にも使用する用途があったりしませんか？」と通訳を通して尋ねてみた。

すると、王氏は笑いながら「察しがいいですね。実はこのホテルの最上階に、日本から呼んだ女性を泊まらせて仕事をしてもらっています。ご存知の通り、台湾では風俗は違法ですからね」と、このホテルは海外から渡航してきた女性が、売春で利益を得る行為、俗にいう海外出稼ぎの現場であることを告白したのだ。

この海外出稼ぎの条件や相場について王氏に聞いてみると、期間は最低1カ月で、旅費、滞在費、ホテルのシングルタイプが無料。週休2日制となっており、給与は女性のランクにもよるが、最高ランクでは1カ月1000万円を超えると語った。

時間の都合もあり、残念ながら女性と会って話を聞くことは不可能であったが、近くの部屋には"Do not Disturb"のタグがドアノブにぶら下がっている部屋が多く見られた。このフロアには20部屋あったが、割合から見て十数名の女性が働いていたのだろう。
筆者はこの海外出稼ぎについても、王氏に詳しく話を聞くことにした。

――先程、海外出稼ぎをする女性の最低就労期間が1カ月と伺いました。トクリュウでは3カ月なのに、女性はなぜ1カ月なのでしょう？

「現在、世界各国で海外出稼ぎ案件が問題になっていますよね。台湾でもそれは同じで、目を付けられている代理店が取ったチケットでは、女性が長期の一人旅をする場合、怪しまれて入国拒否されるケースが増えてしまったんですよ。そうなると、そこまでかけた費用はこっちが丸損になってしまう。来る女性に立て替えてほしい、とは言えませんしね。だから、1カ月という短い期間を用意しました。とはいえ、殆どの女性は2カ月以上仕事をして観光をして大金を持って帰りますけどね」

――また、1000万円という巨額の報酬を女性が得る場合もあるとのことでしたが、どうやってそれを日本に持ち込んでいるんでしょうか？　100万円以上の出金は申告しないといけないというのがルールだったと思いますが。

「ご存知の通り、台湾の入出国の審査は甘いですからね。深夜便の場合、荷物に怪しいモノを入れていなければまず引っかかりません。コロナで渡航が解禁された頃は、もっと甘かったんですけどね。普通に堂々としていれば、成田でも関空でも止められることはないでしょう。もちろん、怖がる女性も当然いますし、海外送金は半分が手数料なので、足が付かない仮想通貨で持ち出す方法を教えています」

――そもそも、売春で月1000万円を稼ぐ、というのがちょっと非現実的に思えてしまう部分があるのですが……。

「客単価が1人5万円で毎日20人以上回転しますから、1000万円出してもこちらは黒字なんですよ。もちろん、このレベルの報酬は日本のグラビアアイドルとか、AV女優とか、台湾でも名が知られている子に限りますけどね。また、台湾の男性はわりとハードな性行為をする人間が多い。それに耐えられる女性でないといけませんからね」

当然、中にはハードな行為に耐えられず、帰国してしまう女性もいるというが、大多数が残り、帰国後にも数カ月したら再び出稼ぎに来るというパターンも少なくないそうだ。

筆者が取材をしているホテルでは、十数人の女性が日本から台湾に出稼ぎに来て、性行為を行っているのだ……。そう考えると少し奇妙な気持ちになった。AV女優など、ネームバリューのある女性が海外出稼ぎに行くというと、アラブなどの石油の産地国などのイメージがあったが、意外なことに、台湾もまたそうした稼ぎ先の一つであるということらしい。

王氏によれば、日本の人気AV女優がイベントを行って何百万円というお金を持って帰った、ということもあったという。こうした海外出稼ぎでは、王氏の知人がタイにおけるこうした行為を管理している、とも彼は告げた。そちらは台湾に比べると単価は安いが、それなりに稼げるそうだ。

日本でもこうした海外出稼ぎを専門とするスカウトが増加し、必死に女性を勧誘しているが、単価がこれほど高いのであれば、彼らに入ってくるバックマージンもそれなりの額になるからであろう。

街頭の大物が所有する覚醒剤工場へ

はからずも台湾における海外出稼ぎの話を聞けてしまったが、ここで残念な連絡が入った。紹介してもらえる予定となっていた王氏の兄弟分が、他の顧客の接待で体が空かないらしく、今回の取材では会うことができなくなってしまったのだ。次回来訪した際には会えるように取り計らうことを約束してくれた王氏に、この後本丸であるところの覚醒剤の工場まで連れて行ってもらうこととなった。

その工場まで向かうため、王氏は事務所の近くにいるという運転手を呼びつけた。しかし、予定が変わった影響だからだろうか、運転手がこちらに来るまで、20分以上待たされてしまったのである。遅れてきた運転手に対し、王氏は筆者が必要だと思う以上に怒っていたのが印象に残っている。これが街頭のトップとして、普段若い衆や敵に見せている王氏の本当の顔なのかも知れない。

ホテル近くから高速に乗り、田舎で降りて高雄の山道を小一時間走ったところに目的地となる空き地があり、そこに王氏は車を停めさせた。向かう前に王氏は、「2時間以上の道のりとなるので、寝ながら行きましょう」と提案してくれたのだが、かつてカイエンに乗せてもらった陳氏に勝るとも劣らない荒っぽい運転をされ、寝ることは許されなかった。台湾人は運転が荒っぽいことで有名であったが、皆が皆ここまでの荒っぽさだというのは予想外、というのが正直な感想である。もしかすると、王氏のグループ特有のものかも知れないが……。

目的地に着いた後は、懐中電灯を片手に先を歩いた。近くには人家もあり、いつ密告されてもおかしくはない地域である。心配になった筆者は、そうした可能性について通訳を通じて王氏に尋ねたところ、「この周りの民家は殆どがこの覚醒剤の工場の従業員です。台湾には3000メートル級の山が200峰以上ありますが、そういうところには覚醒剤の工場が多いんですよ。私たちのグループだけでも5つありますから」と回答。どうやら、〝身内〟しかいないため、安全だということらしい。

工場を5つ所有しているという発言に驚いた筆者は、その点についても聞いたが、この中で稼働しているのは現在2つだけだという。残り3つが休眠状態にあるのには、海外マフィアとの争いが背景にあると王氏は語った。

「今年（2024年）の旧正月明け、メキシコマフィアがタイのマフィアと組み、我々を出し抜いて、粗悪な品物を高雄経由で日本に送ったのです。受け取った日本サイドがその粗悪さに気付き『台湾産と思い、高い金を払ったのに』と知人を通して私にクレームが入りました。私は出荷元を調べ、他のグループの幹部とタイに行って向こうのマフィアのボスと会い、落とし前として腕を千切って、金を払わせました。この金が余っているというのが一つ。そして、想像している以上の覚醒剤が日本国内で余っているので、今は輸出する必要がないというのが一つ。一番の理由は、トクリュウの儲けが想像以上に大きかったので、他のことをやるより、そっちに注力したいという点ですね」

指ではなく、腕を千切らせた……。誇張であることも筆者は当然考えたが、これが台湾黒社会の真の恐ろしさということなのだろうか。ちなみに、王氏が話したメキシコマフィアとタイマフィアが覚醒剤の取引を日本の裏社会と行ったという話自体の真偽について筆者は掴み切れていないが、春先に関西方面で大きな取引があり、覚醒剤の値崩れが激しいので、関東に半分持っていけるか、などの情報が裏社会で出回っていたのも事実である。

思った以上の値崩れを起こしていたため、印象に残っているが、記憶が確かなら100キログラム100万円で、キロに直すと1万円という破格の値段であったはずだ。覚醒剤の末端価格は0・2グラムで1万円、つまり1グラムで5万円が通常相場で、ここ10年以上変わっていないはずなので、これがどれだけ安価であったかが分かるだろう。当局は大量の覚醒剤事件を摘発した場合、いまだに末端価格を6万円前後で発表しているが、この数字もそろそろ見直すべき時期が来たのかも知れない。

そんな話を聞きつつ、筆者は王氏が所有する工場の中を見学し、覚醒剤を作る窯など、施設の説明を受けながら施設内を回った。一つの工場で月間の売り上げが約1000万円、年にして1億2000万円ほどあるという。残りの工場も同じ規模であると仮定すると、所有する工場5つをフル稼働すれば、6億円だ。先程聞いた件などの影響で、需要と供給のバランスが崩れているために、フル稼働させていない、という部分もあるのだろうが、それだけの利益が見込める工場の稼働を捨てておいても、トクリュウに注力した方が儲かるということなのであろう。

覚醒剤は実際には日本でもかなりの僻地に工場があることが多いというのが定説だ（数年前に、名前は伏せるがある大都会の真ん中に小さい工場があったこともあるが、これは特別なケースである）。その理由としては、覚醒剤を作る際にかなりの異臭が出てしまうことが挙げられる。今回紹介された王氏の所有する工場のように、人里離れた場所に作るのは、こうした特徴を考えれば当たり前のことなのだ。このような密造工場が、観光大国台湾ののどかな山岳地帯に点在することは、同地を愛する人にしてみると、悲しい現実ではあるが、それゆえこれ以上ないほど台湾の実情を露わにする、リアルな情報とも言えるだろう。

第5章

台湾黒社会と日本の裏社会

これまで、トクリュウや薬物をはじめとした、台湾黒社会と日本の裏社会の関係が深いことを、関係者のインタビューを中心に述べてきた。最後の章として、そもそもなぜ両者が深い関係を有するようになったのか、そして現在どうなっているのか、未来はどうなるのかという点を述べていこうと思う。

台湾黒社会の過去と現在を紐解けば、その犯罪活動が台湾社会の変遷や、国際的な動向と不可分であることが明らかだ。トクリュウや薬物の件でインタビューをさせてもらった王氏が、覚醒剤の工場を休眠させてでもトクリュウに注力すると言うのは、まさにこの国際的な動向の部分に沿った行動であると言える。

そして、未来の犯罪動向を予測する上でも、台湾黒社会の動きを追うことは欠かせない。台湾、日本、そして国際社会が、この影に潜む勢力にどう向き合うのかがまさに今、問われているのである。

中国マフィアや台湾黒社会から日本がターゲットにされやすい5つの理由

ではまず、日本はなぜ、黒社会に狙われるのかを説明したい。それは国民性をはじめとしたいくつかの要素が絡み合った結果だと筆者は思っている。奇しくも日本には、台湾や中国から犯罪のターゲットになりやすいポイントが、多く揃っているのである。以下にその代表的な5つの様相を紹介しよう。

1．日本人の警戒心のなさ

日本人は一般的に、相手を信じやすく、詐欺や犯罪に対する警戒心が薄い傾向があると言われている。もちろん犯罪を行う側のテクニックが上昇しているという部分は否めないが、これだけテレビをはじめとした各メディアが警鐘を鳴らしているにもかかわらず、トクリュウの被害件数が増えているというのは、こうした国民性の表れだろう。これによって、台湾黒社会や街頭、中国の組織は、トクリュウをはじめとした犯罪を行うターゲットとして、日本人が〝理想的なお客さん〟であると捉えているのだ。街頭が仕掛けるトクリュウの手口には、感情や信頼に訴えるものが多くあり、日本人の特性を巧みに利用している。特に「親切」「誠実」といった文化的な価値観を逆手に取り、こちらを騙してくるという手法が目立つ。

2．日本には少数だが中国人社会がある

「台湾黒社会と歌舞伎町」の章で紹介したように、日本国内には中国からの移住者が形成したコミュニティが存在している。このコミュニティが黒社会の活動の拠点として利用されるケースがあり、特に歌舞伎町をはじめとした都市部では、中国人同士のネットワークが密接であることが、犯罪組織にとっては大きなアドバンテージとなっている。このネットワークが情報共有や犯罪の下地として利用されることも多く、現在も地下銀行などが存在するため、資金を動かす際にも利便性が高い。さらに、文化や言語の共通点を背景に、移住者の中で犯罪ネットワークが形成されるリスクもあるため、突如として現地で犯罪集団が結成されるということも考えられるのだ。

3．母国との地理的な距離の近さ

台湾や中国と日本は、言わずと知れた海を挟む隣国である。この地理的な距離の近さは、犯罪ネットワークが容易に日本へ拡大する要因として大きなものの一つだ。海を隔てているとはいえ、飛行機などを使えば短時間で行き来可能な距離は、密航や不法入国を含む、犯罪のハードルを低くしている。また、地理的近接性は人の移動だけでなく、通信や物流の迅速化にも寄与し、詐欺や密輸といった犯罪活動の効率化を可能にしている部分も否めない。

4. 言葉の共通点（漢字の使用）

日本と中国、台湾の間では、漢字という共通の文字体系が存在する。もちろん、厳密には漢字の上でも様々な違いがあるのだが、この言語的な近さが、詐欺のターゲットとなる日本人へのアプローチを容易にしているとも考えられる。外国人が日本語を習得する上で大きなハードルとなるのが、平仮名、片仮名、漢字の3種類の文字が一つの文章内で組み合わされるという、習得を目指す者にとっては複雑怪奇な形態を擁しているものの、台湾人や中国人にとってみれば、デフォルトとなる言語の文字を流用することで、それらのうち一つは自然に使うことができるのだ。これは大きなアドバンテージで、一例を挙げれば詐欺メールや怪しい書類でも、元々理解が深い漢字を駆使することで、より自然な文章を作ることが可能となる。これにより、日本語への理解が深いように見せかけることが可能で、相手に信頼感を与えやすく、巧妙に犯罪を仕掛けることが可能だ。元々の複雑さゆえに、日本人がちゃんとした文章には違和感を覚えにくいという性質があるため、この点を黒社会が積極的に利用しているのである。

5．外見的な類似性

中国人と日本人の外見的な類似性も、黒社会の犯罪が日本で成功しやすい理由の一つだと考えられる。実例を挙げれば、かつて日本国内で犯罪の温床になるとして問題視された、解体施設「ヤード」では、ブラジル人などが中心となっていたため、ビジュアル的にも強い異物感を周囲に与えることとなった。一方、日本人と外見が似ている台湾人や中国人は、目の前で中国語を用いた会話などをしない限り、多くの日本人は気にも留めないだろう。この外見的な類似性により、黒社会の構成員が日本国内で目立ちにくく、犯罪行為が発覚しにくい環境が作られている。特に都市部では、元々外国人への視線がそれほど厳しくないのも相まって、潜伏が容易になっているのだ。

これらの要因が複合的に絡み合うことで、台湾や中国の黒社会が日本人をターゲットとする犯罪活動を展開しやすい土壌が生み出されている。いわば、日本は地理的にも文化的にも、彼らから狙いやすい国と見なされているのである。この状況を打破するためには、日本人自身の警戒心を高めることとともに、国際的な犯罪ネットワークの摘発に向けた警察や司法当局の積極的な対応が求められている。

なお、先日から入ってきている情報によると、台湾で国内の詐欺事案によって逮捕されるケースが多く見られるために、犯罪組織が拠点を台湾からカンボジアに移す傾向が見受けられる。この理由はカンボジアと台湾の犯罪発生率の割合の違いだ。カンボジアは犯罪率が高いために、トクリュウ以外の犯罪への対応に警察が追われているため、トクリュウの検挙に全力を挙げている台湾当局よりも、犯罪組織にしてみれば与しやすい部分があるのだ。また、アンコールワットなどの世界遺産が多く点在し、日本や台湾からの観光客も後を絶たないために、トクリュウを行うメンバーが悪目立ちをしないという点もあるだろう。とはいえ、前述した通り、カンボジアは親中国家であり、台湾人が逮捕されると中国大陸に送還されてしまうリスクが存在している。

だが、先の章に登場した街頭のリーダー・王氏にこの点について通訳を通じ質問してみると、「カンボジアマフィアは台湾に逆らえないので大丈夫です。仕切りは台湾がやり、見張りや案内役はカンボジアマフィアがやります」と、地元組織と密な関係を築いてさえいれば、大きなリスクになりえないとの返答がなされた。

また、彼らの出入国もカンボジア当局や台湾当局に把握されないように台湾の高いIT技術を使い、偽造パスポートが準備されているという。台湾旅券はカンボジアや日本の入国審査において信頼性が高いため、近年は香港や中国本土の旅券に比べて審査が緩和されやすい傾向があるのだ。台湾旅券の悪用による不法入国問題は、犯罪組織の高度な偽造技術や隠蔽手段を伴う複雑な問題であり、信頼性の高い旅券としての台湾国のパスポートの価値を利用した犯罪だと言えるだろう。

この問題の根幹とも言える部分だが、IT先進国である台湾では、その技術が高まるにつれ、同じように偽造などの技術は年々向上している。現在では、最新のセキュリティ技術を持つ旅券でさえも模倣可能になり、犯罪組織は偽造旅券を使い、個人の身元をすり替えることすら可能となっているのだ。

一例を挙げると、台湾人にもかかわらず、様々な色のパスポートを持っている人間を何人も見たことがある。こうした技術の発達により、より犯罪は複雑化し、検挙が困難になりつつあるのが、黒社会の現状である。これらの高い技術と、様々な手練手管を尽くす犯罪組織に対して、ターゲットにされやすい我々日本人は、高い警戒心を持つことが求められるだろう。

なお、日本の税関などの対応においても、大きな課題があるのは確かである。上記のような高い偽造技術を持つ台湾や中国の犯罪組織に対応するには、審査体制の不備、偽造旅券を発見する技術や設備の不足、入国審査官の教育不足や国際連携の欠如が見受けられる。特に、台湾や香港との情報共有体制が未熟な点や、監視体制の弱点も大きな問題であろう。外国人の入国後の国内移動を適切に監視できておらず、入国するとあとはどこに消えても分からないのが現状なのだ。とはいえ、この問題は日本だけでなく各国共通の問題でもある。

加えて、犯罪組織の迅速な摘発が困難であることや、国内法の適用の限界、不法入国者への刑罰が軽いために抑止効果が不十分であることなど、問題点を挙げればきりがないのが、日本における現状なのだ。

国際刑事警察機構（インターポール）との連携強化を第一課題として、国際的な捜査支援を仰ぎ、インターポールのデータベースを活用し、犯罪者や偽造旅券に関する情報をリアルタイムで共有することは急務と言える。

ちなみに、前出の王氏は熊本の工場の視察に訪れた際、名前は書かないが、ある大物政治家とのツーショット写真を撮影し、事務所に飾ってある。これが世の中に出た場合、この政治家は次の選挙で落選すること間違いなしだろう。

台湾黒社会と暴力団の関係における歴史的背景

続いては、台湾黒社会と日本の裏社会の関係について触れたい。

日本の暴力団と台湾黒社会（暴力団）は、歴史的背景や地理的な要因、国際的な犯罪構造の変化によって深い結びつきを持つようになった。日本の「ヤクザ」として知られる指定暴力団と、台湾の「竹聯幇」や「四海幇」など黒社会の組織は、単なる国内犯罪を超えた広域的な活動を展開し、アジア全域で影響力を拡大しているのが現状だ。ここでは、両国の暴力団や黒社会がどのように協力し、その関係性がどのように進化してきたのかを掘り下げていく。

まずは、歴史的な背景から語ろう。日本は1895年から1945年まで台湾を統治していた。その是非については、歴史家が検討すべき話題であり、ここでは議論をしないことにするが、この統治下となった50年の間に、日本の文化や法制度が台湾社会に浸透し、現在の台湾黒社会にも影響を与えたとされている。特に、日本の裏社会文化の一部は、台湾の黒社会の運営方式や内部構造に影響を与えた可能性が高いと言えるだろう。また、終戦後の台湾では国共内戦で敗れた国民党が中国本土から移住してきた際に、反共産主義の思想を背景に犯罪組織を利用する動きが見られた。これにより、竹聯幇や四海幇といった組織が形成され、これらが日本の暴力団と協力関係を築く基盤となったのだ。

台湾が日本の統治から離れた戦後にも、両者の関係は継続されることとなった。物資不足と経済的混乱に見舞われた日本では、台湾からの密輸が盛んに行われてきたのである。当然、この密輸には両国の犯罪組織が関わっており、その中で密輸を担った台湾の犯罪組織の一部が、のちに日本の暴力団となる裏社会との連携を強化したと考えられている。特に、薬物や貴金属の密輸においては、両者に強い協力関係が築かれることとなった。近年でも、中国系秘密結社・洪門の関係団体のリーダーに、沖縄の指定暴力団である旭琉會系の幹部組員が就任。2023年2月に行われたリーダーの継承式には竹聯幇の関係者も出席し、同年5月には逆にリーダーとなった幹部組員や、旭琉會の関係者が台湾で洪門のパーティーに参加するなど、密な関係が構築され続けている。この他にも、筆者が知る例を一つ挙げよう。歌舞伎町にある某組に所属し、日本と台湾の二重国籍を持っていた人間が台湾に戻り、台湾人に帰化することを決意した。しかし彼は、現地でカタギになることはなく、某組の幹部に昇格し、日本の裏社会の人間を多く兄弟分として繋ぐこととなったのである。これは台湾が覚醒剤の大きな生産地であることから、日台の組織の関係を強化するために、台湾人として〝派遣〟された、と考えるのが自然だろう。ネットなどで調べればすぐ名前は出てくるものの、ここでは敢えて名前を伏せるが、帰化した人間が所属する某組織の現理事長は、台湾の三社会の一つである四海幇の幇主と兄弟分の杯を交わしている。黒社会の長と、某組織のNo.2である理事長が兄弟分となっているということ自体が、日台の裏社会の密な協力関係を示す何よりの証左だろう。なお、この縁組は覚醒剤の密輸における協力関係の構築はもとより、ここ20～30年力を付けてきた上海マフィアや福建マフィアへの台湾マフィアの対抗こそがその目的と言われている。

台湾黒社会と暴力団の現在における協力体制

現代において、日本の暴力団と台湾の黒社会の協力関係の中で最も注目されるのは薬物取引と、トクリュウに見られる海外を拠点とした事件だ。台湾は東南アジアに近接しており、物流に関しては覚醒剤やコカインなどの薬物が流入しやすい地理的特性を持っている。これらの薬物が日本市場へと流れる過程で、台湾の黒社会が仲介役を果たしているケースが多く見られている。例えば、台湾の竹聯幇が覚醒剤の調達を担い、日本の山口組などがその流通を管理する形で協力が行われているのが現状だ。また、台湾の犯罪組織が薬物の製造に直接関与し、日本に輸出する事例も報告されている。他にも、台湾は日本との時差も1時間と少なく、親日国家と言われているために、トクリュウをはじめとした詐欺に関わる者たちにとっても、居心地のいい拠点となっているのが現状だ。

こうした物理的な協力関係だけではなく、近年では仮想通貨を利用したマネーロンダリングが両国の犯罪組織の間で行われていると指摘されている。仮想通貨は匿名性が高く、国境を越えた資金移動が容易であるため、違法な資金を隠す手段として最適とも言える金融商品である。中でも、筆者が注目したいのは、USDT（Tether、テザー）と呼ばれる、日本では使えないために浸透していない仮想通貨だ。

このUSDTは、Tether Limitedという企業が発行する、ステーブルコイン（価値が安定した仮想通貨）の一種で、法定通貨である米ドル（USD）に価値を連動させているのが特徴の仮想通貨である。1USDTの価値が基本的に1米ドルに等しく保たれるよう設計されており、仮想通貨市場では最も広く利用されているステーブルコインの一つとなっている。

このUSDTは、マネーロンダリングを行う上では、多くのメリットを持っている。ビットコインなどの日本でも一般的な仮想通貨は、価値の乱高下が激しいことが、価値保存を行う上では避けられないリスクとなっている。その点、USDTは米ドルに価値が連動されていることから、その安定性が非常に高くなっているのだ。多くの仮想通貨で起こりえるリスクを回避し、一定の価値を保ちながら出金を行う、ということが容易となっているのである。その特性から、多くの投資家や取引所にとって欠かせないツールとなっているが、資金洗浄を目的とした裏社会にとっても、これは理想的な仮想通貨なのだ。また、送金機能も充実しており、一般的な銀行よりも手数料が低く、海外送金が行える点も、マネーロンダリングには渡りに船と言えるものだろう。

台湾ではこのＵＳＤＴは決済の対応にも使われるほど、一般に浸透している仮想通貨となっている。そんなＵＳＤＴに、保全性の高い仮想通貨を求めていた日本の裏社会関係者が行き着くのは自然な流れであり、暴排条項により銀行口座を持つことができない日本の裏社会関係者が多く使用しているのが現状だ。これに味を占めた日本の暴力団が台湾の技術者と提携し、仮想通貨取引所を利用した資金洗浄の仕組みを構築しているという情報もその筋では多く飛び交っている。筆者はＵＳＤＴを利用しているという裏社会関係者に話を聞く機会があったが、その人物は以下のようにこの仮想通貨について語った。

「知っての通り、僕たちは銀行口座を持てない。日本で一般的に流通している仮想通貨を持っていても銀行口座がないと換金が難しい、もし、出口がバレてしまえば、入り口もバレてしまうので、それらを所有するメリットはないんです。ただ、その逆も然りで、日本で一般的でないＵＳＤＴは、その流れを追われるリスクは小さい。僕はＵＳＤＴを使って色々な取引を行い、台湾の友人に現金化してもらっています、そのために、僕か若い衆が２、３カ月に1回、台湾に渡航しています」

このように、資金洗浄においても、日台の組織の関係は深くなっているのが実情だ。暴排条項が施行された際、銀行口座を持てないという内容があることは、非人道的だという声も少なからずあったが、今後はこのリスクも有名無実化する日が近いのかも知れない。

台湾黒社会と暴力団の人材交流

先に述べたような犯罪や資金洗浄での協力関係の他に、日本の裏社会の人間が警察の捜査を逃れるために台湾へ逃亡するケースも多々見られる。台湾は日本に比較すると法執行がゆるやかな部分があり、逃亡先として選ばれることが多いのである。また、逃亡した暴力団組員が、台湾で地元の犯罪組織と接触し、新たな犯罪ネットワークを構築することもあり、いわば一石二鳥とも言える側面もあるのだ。

本書で多く扱ってきたトクリュウについても、同様の事例が見られている。これは台湾ではなくフィリピンの事例だが、現在も問題となっているルフィ事件の黒幕とされる組織のＪＰドラゴンは、構成員の一部に日本の裏社会で問題を起こして処分され、フィリピンへと逃亡した人間も存在しているとされているのだ。こうした事例はフィリピンだけでなく、東南アジア全般にも同様に存在するが、裏社会から処分された人間が、日本の裏社会とタッグを組んでルフィ事件のような犯罪を行えるというのは、普通に考えるとおかしな話である。

そんな本来ありえないように思える関係性が生まれる理由は、彼らがトクリュウなどの犯罪で稼いだ金を日本の裏社会に上納しているためだ。裏社会の組織も、当然営利団体としての側面を持ち合わせている。裏社会にとっても現在トクリュウで巨額の利益を出している彼らは、その過去を考慮しても、取引相手とするのに足るのである。もちろん、東南アジアを拠点とする詐欺集団と、暴力団の金のやり取りにおいては、銀行を通さずに現金化も容易なＵＳＤＴなどの日本では一般的でない仮想通貨が使用されるケースが少なくない。この仮想通貨が、台湾などの浸透している地域で現金化され、日本に持ち込まれているのだ。

また、こうした日本で浸透していない仮想通貨には、もし逮捕されても当局が金の流れを追えず、回収を行えない可能性があるという点も、犯罪集団にとってはメリットになりえる部分である。今後は、トクリュウなどの容疑者の身柄を抑えても、資金が見当たらず、本人は「ギャンブルや遊興費に使って持っていない」と供述している……。そんな形で資金を隠し続けるケースもありえるかも知れない。当局は、日本では出回っていない仮想通貨の流れも注視し、検挙した人間がそれらに手を出している可能性も考慮する必要があるだろう。

トクリュウの対策として求められる〝おとり捜査〟

これまで紹介してきた本書における〝トクリュウ〟、いわゆる特殊詐欺は現代のデジタル社会を背景に生まれた新しい犯罪形態である。読者の皆さんも十分にご存知の通り、このトクリュウはその悪質さと巧妙さから日本社会を揺るがす存在となっている。SNSや秘匿性の高い通信アプリを活用して組織的かつ多層的に構築されるこの犯罪は、被害者だけでなく、闇バイトへの応募によって、軽い意識で重大な犯罪に加担してしまう加害者の問題も浮き彫りにしている。

トクリュウの特徴は、テレグラムやシグナルといったアプリを利用して実行役となる受け子や出し子をリクルートする点にある。表向きには「荷物運搬」や「調査業務」といった無害そうな募集文言が並ぶが、その実態は犯罪行為を伴う仕事だ。応募者は運転免許証や顔写真などの個人情報を提供させられた上で、犯罪行為を強要されることが多い。一度関与すると、個人情報を盾に脅迫され、心理的に圧迫されたことから犯罪グループの指示から逃れられなくなり、次第に重大な犯罪へと引き込まれる。特に若年層をはじめとした、社会的弱者がこうしたトクリュウの手先として利用されるターゲットになりやすい。先に実例を紹介したが、最近では同じく社会的弱者の高齢者が受け子や出し子として関与するケースも増えている。実行役を担う彼らは、犯罪グループにとって使い捨ての存在に過ぎず、指示役や幹部は手を汚さず、検挙もされずに安全地帯から計画を進めていく一方で、検挙されることの多い実行役は、本人が想像した以上の重罪を背負うこととなるのだ。社会全体に広がる影響を考えると、現場の実態を直接確認した筆者のような人間が、警鐘を鳴らし続けるのは義務であると思っている。

そんなトクリュウへの有効性のある対策として、現在国会で議論されようとしているのがおとり捜査だ。この詳細については、2024年12月5日に毎日新聞が報じた記事を引用したい。

〝「仮装身分捜査」の導入検討　捜査員が闇バイトに身分偽り応募〟

首都圏を中心に「闇バイト」が絡んだ強盗が相次いでいることを受け、捜査員が身分を偽って闇バイトに応募して、犯罪グループに接触する新たな捜査手法の導入を警察庁が検討していることが関係者への取材で判明した。「仮装身分捜査」と呼ばれる手法で、捜査員が身分を積極的に偽る捜査手法はこれまで実施していなかった。事件の発生の抑止につなげたい考え。

ネット交流サービス（SNS）で募集されている闇バイトでは、応募すると指示役から秘匿性の高いアプリに誘導され、運転免許証といった身分証明書の画像など個人情報を送るよう求められる。

関係者によると、仮装身分捜査では、架空の人物の運転免許証などを作製したうえで、捜査員がSNSに投稿された闇バイトに応募。指示役から求められれば偽の免許証の画像を送る。

そして、指示役から指定された集合場所に行き、他の応募者と接触。強盗などの犯罪が起きる前に摘発することを想定している。

偽の身分証明書を作った場合、通常は公文書偽造などの罪に問われるが、刑法は「法令または正当な業務による行為は罰しない」と規定している。警察庁は違法性は阻却されると判断し、関係省庁とも協議を進める。運用指針を策定して、来年にも実施したい考えで、闇バイトが絡む事件以外には使わないという。

（中略）

国内ではこれまで、捜査員が身分を隠す「おとり捜査」が、薬物捜査などで限定的に実施されてきた。

2010～12年に国家公安委員長が主催した捜査手法や取り調べの高度化を検討する有識者の研究会で、仮装身分捜査も議論された。公的な身分証明制度に混乱をもたらすおそれがあるとの意見や、組織性が高い犯罪の真相解明に資するなどの指摘があった。

海外では仮装身分捜査を導入している国もある。

同記事にあるように、薬物の捜査などではこうしたおとり捜査が既に行われ、一定の効果を上げている。現在の法律では、この薬物犯罪など、明確な損害を受ける被害者が存在しないケースだけにおとり捜査が認められているが、現在多発するも、その首謀者まで捜査でたどり着けないトクリュウに対しても、こうした捜査をできるように間口を広げようとしているということだろう。

一方で、闇バイトにおけるおとり捜査は、様々な懸念点も各所から指摘されているのが現状だ。引用した毎日新聞の記事では、トクリュウに参加する際に偽の身分証を用意し、提出するという行為については、本来公文書偽造に問われるところを、当該する刑法の「法令または正当な業務による行為は罰しない」という文言が適用される範囲として、罪に問われないことが記されている。一方で、潜入している際に特殊詐欺や強盗などの違法行為を、捜査上必要となった場合に行えるのか、行った場合には刑法上の是非はどうなるのかという点が不透明となっている。また、強盗や殺人などの重大犯罪においては、当該する罪の「予備罪」があり、実行せずとも計画や準備などの予備行為を行った段階で犯罪行為と認定されるため、その時点での逮捕が可能となっているが、トクリュウのメインストリームとなっている詐欺罪については、未遂罪があるものの、予備行為は処罰されないと現在の刑法では規定されているのである。既存の捜査手法だけでは対応が難しいトクリュウへの新たなアプローチとして期待されるおとり捜査が万全の結果を残すことが可能になるよう、刑法をはじめとした環境を整えることが、今後の必須課題となるだろう。

おわりに

筆者は、この取材を通じて、トクリュウの問題が社会全体の課題であることを痛感した。社会全体がこの問題に向き合い、被害者や使い捨てられる実行役の加害者を減らすための取り組みを進めることが求められる。そのためには、人々の意識改革や協力が必須となるだろう。

本稿でも触れた通り、筆者が台湾に渡航したのはわずか2回である。その少ない経験で、台湾や黒社会、トクリュウの現場について何が分かるのかという批判があるかも知れない。しかし、命の保証がなく、手厚い支援もない個人として、筆者にできることには限界があるのは残念ながら事実である。テレビでは、取材現場で顔も名前も見たことのないような裏社会ジャーナリストを名乗る人間が、局から与えられた携帯電話を片手に、テレグラム越しでリクルーターと会話をし、その様子を「驚愕の取材」として大げさに宣伝する様子がおなじみとなっている。しかし、そんな安全が保障された中での取材など、入社1年目の記者でも、あるいはユーチューバーでも可能だ。

テレビ番組の性質上、リスクを取ることは難しく、安全に安全を重ねるような態勢で行った取材内容しか放送できないのは理解できるし、バラエティ番組などにおいては、こうした安全な取材であっても、視聴者がそれを楽しめる内容であればいいと筆者も思う。しかし、組織として大きな力を持つ、ましてや公器たるメディアの報道がそれで良いのだろうか。筆者は、一次情報をもとに現場の実態に迫り、可能な限り真実を明らかにしたいと考えている。それは、現場に赴くことでしか手に入れられないものである。報道に関わる人間は、こうした危険をその職に就いた責任として、甘んじて受け入れるべきではないだろうか。かつて、戦場取材で命を落とした記者の家族が旅行保険を支払わなかった損保会社を訴えたケースもあったが、記者は恐らくこの危険を「報道に携わる者の責任」として受け入れており、家族を含めた周囲を、〝犯人探し〟のような行為に走らせてしまったことは、不本意であったはずだ。

次の被害者が生まれないようにするため、そして犯罪に巻き込まれる人々を一人でも減らすため、我々ジャーナリズムに関わる人間は、今こそリスクをはらみつつも自らの足で現場へと赴き、その中で見たこと、感じたことをきちんと伝えるべきだ。筆者は、この取材がその一助となることを願い、報道の現場から訴え続けていきたいと考えている。

追記

本稿を書き終えた直後に新たな情報が入った。

中国人人気俳優の王星さんが1月3日にタイで行方不明となり、4日後にミャンマーで保護された事件だ。この監禁されていた場所に6人の日本人も見受けられたという。王星さんは髪の毛を丸刈りにされて、タイピングなどの訓練を受けていたというが、これは特殊詐欺のグループに無理やり入れられたということであろう。

この報道のタイミングに合わせたように、台湾から台湾マフィアと通訳が来日し、筆者に面談を求めたのだ。筆者に断る理由がないので、人の多い赤坂見附の居酒屋の個室で食事をした。

そこで言われたことは、

「人を送り込んでください、また送り込める人間を紹介してください。一人100万円出します」

という内容であった。

生きて帰れない可能性がある場所に人を送り込むのに100万円は安過ぎる以前に、筆者にそれを頼み込む方がおかしいであろう。

「いま、いる人間はかなり稼いでいます」とも付け加えてきた。

それは当たり前である。

毎日のようにトクリュウや闇バイトの摘発が報じられているなかに飛び込む人間はおらず、数少ない人間で回しているので、稼ぎは大きいであろう。また、長期滞在の一人旅は入国拒否をされる場合も増えているとも聞く。

台湾マフィアの一部はこのミャンマーの事件に絡んでいるとも通訳は話す。カンボジアやミャンマーのマフィアと金を出し合って、拠点などを作っているというのだ。

何度も警鐘を鳴らすが、おいしい話には裏がある。

いま、リクルーターにトクリュウの世話に誘われた人間は１００万円で命を売られたと肝に銘じてもらいたい。

著者略歴

花田庚彦《はなだとしひこ》
東京都生まれ。
週刊誌記者を経てフリーライターに。
アンダーグラウンドの世界を中心に、取材執筆活動を続ける。
著書に『西成で生きる この街に生きる14人の素顔』『大阪 裏の歩き方』がある。
加茂田重政（元三代目山口組組長代行補佐・一和会理事長）の著書『烈侠』では聞き手を、
正島光矩（元神戸山口組宅見組幹部）の著書『ジギリ』では構成を務めた。

幻冬舎新書 760

ルポ 台湾黒社会とトクリュウ

二〇二五年三月二十五日 第一刷発行

著者 花田庚彦
発行人 見城 徹
編集人 小木田順子
編集者 菊地朱雅子
発行所 株式会社 幻冬舎
〒一五一-〇〇五一 東京都渋谷区千駄ヶ谷四-九-七
電話 〇三-五四一一-六二一一(編集)
〇三-五四一一-六二二二(営業)
公式HP https://www.gentosha.co.jp/
ブックデザイン 鈴木成一デザイン室
印刷・製本所 中央精版印刷株式会社

Printed in Japan ISBN978-4-344-98763-0 C0295
は-23-1

＊この本に関するご意見・ご感想は、左記アンケートフォームからお寄せください。
https://www.gentosha.co.jp/e/